STEFAN PINTER

MELODIEN *des* LEBENS

Besinnliche bis heitere kurze Erzählungen

novum pro

Dieses Buch ist auch als
e-book
erhältlich.

www.novumverlag.com

Bibliografische Information
der Deutschen Nationalbibliothek:

Die Deutsche Nationalbibliothek
verzeichnet diese Publikation in
der Deutschen Nationalbibliografie.
Detaillierte bibliografische Daten
sind im Internet über
http://www.d-nb.de abrufbar.

Gedruckt in der Europäischen Union
auf umweltfreundlichem, chlor- und
säurefrei gebleichtem Papier.

© 2022 novum Verlag

ISBN 978-3-99131-605-3
Lektorat: Lucas Drebenstedt
Umschlagfotos: Valio84sl,
Flowersofsunny | Dreamstime.com
Umschlaggestaltung, Layout & Satz:
novum Verlag

www.novumverlag.com

Climate neutral
Print product
ClimatePartner.com/16547-2201-1002

Das Gesicht der Kunst

Ist es echt, oder nur dargestellt?
Ist es Wahrheit oder Fantasie?
Die Menschen versuchen, es zu ergründen,
versuchen, in diesem Gesicht zu lesen.
Und manchmal kommen sie dir auf die Schliche,
kommen bedrohlich nahe der Wahrheit.

Deshalb wandelst du es immer wieder, dieses Gesicht.
Du bist ihnen immer um eine Nasenlänge voraus,
ihrem Denken, ihrem Verstehen und ihrem
Verstehenwollen.

Du zeigst ihnen ein lachendes, ein weinendes,
ein trauriges, ein emotionsloses Gesicht.
Und manchmal ist es sogar echt.

Das Begräbnis

Von überall, aus der Hotelanlage kamen sie dahergeströmt, die
Kinder. Die helle Stimme meiner Schwester hatte sie angelockt.
Grausam, wenn eine Vogelmutter ihr Junges, weil es kleiner
und schwächer ist als die anderen, verhungern ließ und jetzt aus
dem Nest warf, direkt vor den Balkonen der Urlauber. „Schau,
schnell …" Und wie schnell die Kinder kamen.

Nackt und bloß lag es da, das Vogeljunge, auf den weißen Mar-
morfliesen. Manche versuchten, es zu berühren, herumzudre-
hen, redeten leise, aber keines benahm sich auffällig. Die Natur
hatte sie vereint.

Ich nahm dann eine Plastikschaufel, mit der sonst die Kinder
Sandburgen bauen, und trug darauf das Junge über den feucht

gesprengten grünen Rasen zu einer Blumenreihe neben der Gartenmauer. Dort begrub ich es. Die Kinder standen daneben, friedlich, redeten leise. Sie legten ihm ein Blütenblatt vom rosa blühenden Oleander auf sein Grab.

Kinder. Dann gingen sie wieder zurück in ihr Nest.

Der Becher des Lebens

„Du hast was?"

„Du hast den Becher des Lebens getrunken?"

„Ja, ich hatte Durst."

„Sag mal, du spinnst wohl. Der Becher des Lebens ist doch nicht zum Trinken da!"

„Wozu denn dann?"

„Na ja. Zum Aufbewahren, Herzeigen. Als Pfand für das, was man dafür geliehen bekommt. Zum Beschützen und Festhalten, um mehr daraus zu machen. Aber doch nicht zum Trinken."

„Ich hatte Durst."

„Aber jetzt ist er leer, dein Becher. Dein Leben ist vorbei."

„Aber ich lebe doch. Sieh her! Ich lebe!"

„Aber nicht mehr lange, wirst schon sehen!"

„Ich hätte auch nicht länger gelebt, hätte ich den Becher noch."

„Du hättest aber etwas vorzuweisen. Einen vollen Becher. Dein Leben. Aber wie stehst du jetzt da? Wie ein Gieriger, der nicht einmal sein Leben in einem Becher bewahren kann."

… so und so ähnlich sprechen sie zu mir, die Menschen, die vorgeben, es gut mit mir zu meinen.

Dann aber kommt jemand – er gehört zu den wenigen, die anders sind – und sagt frei heraus: „Es stimmt ja gar nicht, was man dir da nachsagt. Du hast ihn gar nicht selber ausgetrunken. Jemand anderer hat deinen Becher getrunken."

Du hast ihn ihm gegeben, weil du ihn liebtest und weil er ihn brauchte. Jetzt deckst du ihn und ziehst auch noch den Spott und die Verachtung für den leeren Becher auf dich.

„Du bist ein kluges Kind", antworte ich ihm. Oder besser noch: Sensibel genug, um das zu erkennen und zu verstehen. Und sensibel genug, um nicht weiter in mir zu bohren. Ein anderer läuft mit meinem Becher herum. Einmal wird er nicht stehen wie eine Vase auf meinem Grab, mein Becher, voll und trotzdem nutzlos, er wird leben, irgendwo, bei einem anderen Menschen, dem ich ihn gab, weil ich ihn liebte.

Der Ausbruch des Vesuvs

Geht es rasch – so wie damals vor einigen hundert Jahren – bleibt alles, so wie es war. Für Archäologen ein gefundenes Fressen: Menschen am Küchentisch sitzend, im Bett schlafend, Kinder im Unterricht, Vieh im Stall. So, wie sie waren, wurden sie überrascht, konserviert in glühender Lavaflugasche.

Heute brach der Stöckel eines Frauenschuhs. Auf der Reichsbrücke passierte das, unweit der Bootsanlegestelle. So wie er war, nach dem Bruch, quasi den letzten Schritt seiner Trägerin konservierend, blieb er dort auf dem Gehweg liegen, auf der Brücke unweit der Bootsanlegestelle.

Kein Vulkan hatte sie überrascht, die Frau, nur die Hektik unserer Zeit.

Die Litfaßsäule

Ich lehnte an einer sich drehenden Litfaßsäule, einfach nur, um das Gefühl kennen zu lernen, wie es ist, sich an eine, sich drehende, Litfaßsäule zu lehnen. Die Leute – so sagen die Werbeleute – sollen mehr sehen können, wenn die Litfaßsäule sich dreht.

Und das taten sie auch.

Die Kernseife

Die G-Saite eines Klaviers verwendet man, um sie zu schneiden. Weil diese Saite stark und geschmeidig ist und die Spannung verträgt, die gebraucht wird, um die biologisch, ohne Erhitzen angefertigte Kernseife durchzuschneiden. Mehrere G-Saiten sind dazu nebeneinander gespannt.

Ist der große Kernseifenteil komplett durchgezogen, erklingt ein melodisches, leicht seifengedämpftes, helles G. Vielleicht deshalb die Bezeichnung: Seifenoper.

Kopflos

Seinen Kopf zur Seite gelegt hatte ein junger Mann, so schien es jedenfalls. Es war der Kopf seiner Freundin, auf seinem Schoß. Den seinen, auf der Seite liegend zurückgebogen, sah man nicht. So wirkte es eben, als ob er ihn zur Seite gelegt hätte.

Vielleicht tut man das auch, wenn man verliebt ist.

Die B-Seite der CD

Früher gab es sie, auf den Singles, den 45-igern für Plattenspieler. Ein großer Hit war drauf, auf der A-Seite. Das, was sich verkaufen ließ. Das aber, was der Künstler kreativ entworfen, gerne unters

Volk gebracht, sich aber dafür geniert hatte, es deshalb vielleicht nicht so ausfeilte und verfeinerte, das, was er meinte, was nicht für die Allgemeinheit bestimmt sei, das gab er auf die B-Seite.

Dafür verlangte er auch nicht extra einen Preis. Urtümlichkeit, Natürlichkeit, abseits vom Mainstream. A- und B-Seite. In und out.

Bonus Track, heißt es jetzt. Sie probieren's wieder, die Kreativen. Sie probieren's wieder, Urtümlichkeit, Natürlichkeit unters Volk zu bringen. Da kauft man was Marktschreierisches und hat im Körberl Einfachheit, etwas, was man nicht vermutete.

Sieht er so hungrig aus, der moderne Käufer, so sehnsuchtsvoll, gierend nach Urtümlichkeit? Schiebt er die A-Seite nur vor, weil er nicht weiß, wie er ihn formulieren soll, seinen Wunsch nach der B-Seite, und sich deshalb nur des Klischees der A-Seite bedient?

Die A-Verkäufer wachen darüber, dass Autor und Konsument streng getrennt bleiben, nur über Klischee miteinander kommunizieren. Die B-Seite schafft plötzlich Nähe und Intimität. Trotz Marktwirtschaft und Kapitalismus.

Die Erotik des „L"

Was wäre Mode ohne das „L"? Verleiht es doch der Leere Empfindung, dem toten Stoff Leben.

Vor den Fassaden alter Häuser, in einer Pariser Seitengasse, im kitschigen graublaum Rock mit Rüschenabschluss, der aussieht, als ob der Unterrock vorstünde. Und hässliche durchsichtige Nylon Kniestrümpfe mit Bündchen. Kitschige rosafarbene spitze Schuhe. Zuckerlrosa Pulli, übervoll mit Pommeln besetzt. Eine Perlenkette, nicht um den Hals, sondern ums Handgelenk gewickelt. „Coco Chanel" betitelt. Hinweis auf ihre Entstehung.

Jede „normale" Frau würde man fragen, welchem Altkleidercontainer sie das entnommen. Die Coco-Chanel-Gekleidete nicht. Sie wirkt sogar hübscher als vorhin im modernen Look.

Diesen Vorgang nenne ich „die Erotik des L". Der Buchstabe L. Fügt man ihn nämlich zum an und für sich nüchternen Wort Mode hinzu, ergibt sich der gleiche Effekt.

Der Pfiff

Sie pfiff nach mir, dort im Birkenhain. Eine tiefe Schneise hatte man hinein geholzt. Ein neuer Weg, schlammig, Raupen-, Bagger- und Lastwagenspuren, schmutziger Schnee, kaum getauter Boden.

Sie, in lockerer Leinenhose mit aufgesetzten Taschen, einem Rucksäckchen auf dem Rücken. Vorauslaufend der Hund. Natürlich pfiff sie nach ihm, nicht nach mir, der ich mich – im frühlingshaften Joggerwahn – zwischen sie geschoben hatte.

Aber sie pfiff gut. So gut, dass er gepasst hätte, der Pfiff, für mich, und dass ich mich dieser Illusion hingeben konnte.

Wunschkennzeichen

„1Leben", auf seinem Auto. Sein Wunschkennzeichen. Ob er es sich gewünscht hat, sein Leben? Er weiß es nicht. Aber er wünscht, dass es ein Leben ist, und dass es jeder sieht, so wie jetzt sein Wunschkennzeichen.

„1Leben" wird bestraft. Man lächelt darüber. Man ärgert sich, wenn es einem die Vorfahrt raubt. Man lobt die kreative Idee dahinter.

„1Leben" ist unterwegs. Zu schnell, zu oberflächlich, zu vorsichtig. Es wird wahrgenommen, aber nur von jenen, die gerade in seiner Nähe sind.

„1Leben". In diesem halbrunden Ding aus Blech, dem wir viel zu viel Bedeutung geben, zuviel Sinn, zuviel Aufmerksamkeit, obwohl sein Inhalt das Wertvollste ist: ein Leben.

Venedig retten

Mit Gummistiefel und Regenschutz in Venedig. Wasser von oben und Wasser von unten. In den Seitengassen sieht man Maurer bei der Arbeit. Ich kann mir vorstellen, dass es Mühe macht, das Mauerwerk trocken zu halten. Schönheit, Außergewöhnlichkeit nur für die Touristen.

Der Kaffee ist klein und schwarz. In den Kanälen schwimmen Plastikflaschen und Styropor. Von der Adriaseite schwappen die Wellen über die Gehsteige. Auf kleinen Seitenwegen gibt es oft kein Durchkommen. Nasse Füße und grell beleuchtetes Muranoglas. Geschäfte mit Masken vor der Tür.

Ich habe zwei rote Rosen aus Muranoglas für dich gekauft. Rot, weil du so auf Farben stehst. Daraus Empfindungen und die Zukunft herauszulesen glaubst. Rot wie …

Alles ruht auf morschen Pfeilern, wie Venedig. Schön anzusehen. Feuchte Mauern, schwer, darin zu wohnen. Man sehnt sich nach Trockenheit und festem Boden unter den Füßen.

Ob du dich darüber freust, über mein Souvenir. Verbinde ich damit Absichten? Möchte ich Venedig retten?

Über Stege gehen, auf Gassen und Plätzen, und wissen, dass darunter Wasser ist, Schlamm und Schlick und Pfeiler. Pfeiler, unsichtbar und doch bedeutungsvoll, hässlich und modrig. Das beachten, was oben ist, aber nicht das, worauf es ruht.

In einer Ecke hat man Kisten aufgestapelt, alten Salat, Gemüseabfälle, die darauf warten, abtransportiert zu werden. Das Leben geht seinen Weg. Austausch und Weitergabe, damit Neues nachkommen kann. Möchte ich dich auswechseln? Noch nicht. Du bist es wert.

Ein Stern

Ein Flugzeug hat einen Stern verloren, am nächtlichen Himmel, als es vorüberflog, hell erleuchtet, mit blinkenden Lichtern. Der Stern ist zurückgeblieben, funkelnd, weit entfernt.

Die Frage nach dem Weg

Nicht bloß einmal ist es mir passiert, dass ich jemandem Auskunft geben sollte, der meinte ich wäre kompetent, ich wüsste den Weg. Dabei war ich erst gerade angekommen und genauso fremd wie er.

Zum ersten Mal las ich, genauso wie er, bloß im Vorübergehen mir unbekannte Straßennamen. Trotzdem antwortete ich entschlossen und kompetent klingend. Und er, der fragende Fremde, fühlte sich gut beraten. Vielleicht ist es mein Äußeres, das mich so kompetent erscheinen lässt. Ob er mir wohl jede Antwort abgenommen hätte?

Jedenfalls schritt er, durch meine Antwort mutig und gestärkt, in jene Richtung, die ich ihm gewiesen hatte, und bog um die Ecke, um kurze Zeit später freudestrahlend zurückzukehren. Mir zuwinkend bedankte er sich überschwänglich, denn meine Antwort hatte ihn auf den richtigen Weg geführt.

Wo waren sie?

„Die erste Halbzeit", resümierte der Trainer nach dem Spiel, „waren sie gar nicht da." „Wo waren sie dann", frage ich mich. Fußballer, können die so perfekt Körper und Geist trennen? Wo waren sie gedanklich, in der ersten Halbzeit?

Als Zuschauer glaubt man ja gerne die Mär von Ehre, Sportsgeist, Siegeswille und Hunger nach Erfolg. Was aber bekommt man zu sehen? Abgestumpfte, müde wirkende, überforderte Halb- oder Vollprofis, die einfach nicht mehr jedes Spiel ernst nehmen, nicht überall voll dabei sein können.

Warum denn ärgert man sich darüber und gibt den Spielern die Schuld und nicht den Verantwortlichen, den Veranstaltern, den Funktionären und Sponsoren, die alle nur das eine wollen: immer mehr!

Fühl dich ganz wie zu Hause

Diese Worte sage ich zu dir, in deiner Wohnung. Du lächelst, fast lachst du. Aber ich meine das ernst. Ich drücke damit aus, was ich fühle, wenn jemand zu mir nach Hause kommt. Dann empfinde ich Beengtheit. Ein anderes Gefühl ist das, als wenn ich allein zu Hause bin. Und damit ist es ein anderes Zuhause für mich. Und diese, meine Befangenheit, verunsichert meine Besucher.

Und weil ich dir ein ähnliches Empfinden unterstelle, möchte ich die so entstehende Spannung vorweg auflösen. Dir sagen, dass du dich wie sonst benehmen sollst, so wie wenn ich nicht da wäre.

Vielleicht kann ich sogar erkennen, dass du das schaffst und mir ein Vorbild darin bist. Vielleicht habe ich unbewusst dieses Problem humorvoll angesprochen, weil anders zu sagen ich es mich nicht getraut habe. Es soll ja locker sein, unser Zusammensein, nicht angespannt.

Ich möchte dich erleben, so wie du bist, in deinem Zuhause.

Tief „Frederik"

Wir frieren das Alphabet durch. Jetzt sind wir erst beim „F".

Die Lichthupe

Gibt es eigentlich soetwas wie die Lichthupe für Fußgänger?
In einer Röhre fahre ich eine Rolltreppe hinab zur U-Bahn. Menschen kommen mir auf der emporführenden entgegen, nichts ahnend, dass sich oben, beim Ausgang zur Passage, Fahrscheinkontrolleure postiert haben. Eine begehbare Treppe oder eine sonstige Möglichkeit zur Flucht gibt es nicht. Sie fahren dahin ohne zu wissen, was oben auf sie wartet.

Mit einer Taschenlampe könnte ich sie kurz anblinken, oder ein anderes lichterzeugendes Accessoire, ein Smartphone verwenden, was aber höchstwahrscheinlich missverstanden würde. Und missverstanden würde erst recht ein Augenzwinkern.

Einfach reden, eine Warnung hinüberrufen, wäre neu. Ein unbekanntes Verhalten wäre das und würde deshalb nicht ernst genommen.

Ich überlege, aber nichts ändert sich. Immer mehr Menschen fahren uninformiert durch meine Unentschlossenheit vorüber, nichtsahnend ihrem Schicksal entgegen.

Zweite Wahl

Schon einmal sei er vorbeigegangen an dem Gastlokal, dessen Inhaber ihm als oftmaligem Gast freundlich zugenickt habe. Aber er sei weitergegangen. Ein anderes Lokal wollte er diesmal mit seinen Freunden aufsuchen. Das jedoch hatte ausgerechnet an diesem Abend geschlossen.

Zurückgehen zu diesem Lokal mit seinem freundlich lächelnden Inhaber davor wollte er jedoch nicht. Denn dann würde dieser freundlich lächelnde Herr unmissverständlich erkennen, dass er nur zweite Wahl sei. Das würde die Stimmung drücken, die Bedienung unfreundlich und die Atmosphäre angespannt und verkrampft werden lassen. Unser Freund jedoch wollte einen lockeren netten Abend verbringen. Den aber hatte dieser nett vor seinem Lokal lächelnde Herr gründlich versaut.

Hätte er doch bloß nicht draußen gestanden, der Lokalinhaber, oder hätte er dezent weggesehen, so getan, als ob er unseren Freund nicht erkannt hätte. Dann wäre dessen Rückkehr leichter gewesen, hätte es nach erster Wahl ausgesehen.

Selber vermasselt hatte er sich das Geschäft, könnte man sagen, unser Lokalinhaber, mit seiner Freundlichkeit. Das hatte er davon, so neugierig vor seinem Lokal zu stehen und die Passanten zu beobachten.

Andernfalls aber wäre die Schar gleich einem Geschenk zurückgekommen, das der Ladeninhaber als einzig für ihn gedacht annehmen hätte können. So aber hatte er es schon vorher, quasi heimlich, in seinem noch unbedurften Zustand beobachtet, und jetzt später bekam er es abgenutzt, als zweite Wahl wieder.

Endstation Sehnsucht

In „Endstation Sehnsucht", dem Roman von Tennessee Williams, in welchem jene Träumerin, die von einem schöneren Leben schwärmt, vom resoluten Ehemann ihrer Freundin aus deren Wohnung gewiesen wird, ist die „Sehnsucht" tatsächlich der Name einer Straßenbahnendstation.

Aus dem Fenster meiner Wohnung in der Nähe des Busbahnhofes sehe ich des Öfteren einen Bus mit der Aufschrift „Himberg Friedhof". Endstation Friedhof sozusagen. Was für ein Ziel!

Hoffentlich sitzen in diesem Bus nicht solche bedauernswerten Tagträumer wie in dem Tennessee-Roman, sonst könnte diese Endstation wirklich ihre letzte sein.

Die Kartoffelchips

Sie trug eine weiße, schwarz gefleckte Hose und eine schwarze Bluse. Mit ihrer Beute, einem Sackerl Mc-Donalds-Kartoffelchips flüchtete sie, aufrecht, elegant, hübsch zwischen den Wartenden an der U-Bahn-Station, um dann am Bahnsteig der Gegenrichtung auf einer abgelegenen Bank ihren Anteil an der Großstadt zu verzehren.

Die Liebe malen

Margit ist Malerin. Nicht berühmt, nicht exquisit. Sie malt gut. In einer stillen Stunde fragte ich sie: „Margit, kannst du die Liebe malen?" Nicht bloß eine rhetorische Frage, wenn man die Vorgeschichte kennt, meine Verklemmtheit ihr gegenüber, die ihr manchmal die Feststellung abrang, ich könne gar nicht lieben. Ich verhielte mich so, als ob es zwischen uns keine Liebe gäbe.

Ich habe bloß keine Idee, wie ich sie darstellen soll. Ich bin kein Maler. Ich suche nicht nach einer Ausdrucksform. Ich warte auf eine Intuition. Etwas, was sie auch versteht. So würde ich sie darstellen. Das wäre meine Version.

Sie ist Malerin. Sie schafft es auch nicht, der Liebe eine Farbe, eine Form zu geben. Und wenn, dann wäre es ihre Art der Darstellung.

Anders lachen

Fürs Erste klingt's wie jenes, das verächtlich alles weitererzählt, was zu diesem Lachen geführt hat. Aber dann entpuppt es sich als Lachen über die so offene Ehrlichkeit, die dieses Lachen erst hervorgerufen hat, und die Vertrautheit, die daraus erwächst, und das Bedürfnis, dieses Geheimnis, das einem damit anvertraut wurde, zu bewahren, nicht jenen weiterzuerzählen, die dann wiederum nur darüber lachten, weil es lächerlich ist.

Running Sushi

Das Essen läuft vorbei. Kaum gekostet, kaum festgestellt, ob es schmeckt, schon vorbei. Vielleicht kommt es wieder, dieses hellrosa Stück, das mit dem eigentümlichen Geschmack, das penetrant riechende, das eigenartig wackelnde, das mit der weißen Soße, das panierte mit dem herausragenden Knochenstück. Hat es ein anderer genommen? Soll ich nachlaufen? Running hinter dem Sushi.

Genießen möchte ich, und rennen muss ich. Schnell zulangen, schnell urteilen, das entspricht nicht meiner Mentalität. So habe ich mir ein „Slow Sushi" zubereitet.

„A-Daneben"
(Definition eines Österreichers)

Der, der nicht direkt dabei sein möchte, abseits steht. Absichtlich, wissend, er ist dort drüben nicht willkommen, würde sich dort mehr daneben fühlen als hier abseits.
Berichtet wird über ihn nicht. Er ist ja nicht dabei. Er steht ja nur daneben.

Alle wollen „A-Dabei" sein, zumindest als Zuseher, medial herangeführt ans Geschehen, mit fachkundigem Kommentar, witzig pointiert, elegant und doch lässig, teilhaben am großen Buffet, spähend nach freien Plätzen neben den Promis.
„A-Daneben" steht der, und denkt sich seinen Teil. Grillparzers Definition eines Österreichers.

Aber heute? Will er sich gar verändern, der Österreicher, vom A-Danebenstehenden zum A-Dabeiseienden? Das passt doch nicht zu ihm! Bleiben wir doch unserem Charakter treu: klein und bescheiden. Denken wir uns unseren Teil. Vielleicht einmal sogar große Gedanken. Und lassen wir die Dummen reden.

Eine gute Idee

Wohin mit dem Kind, wenn Mutti muss? (Auch Muttis müssen einmal.) Nicht im Waschraum vor dem WC, sondern eine Tür weiter draußen soll das Kleine bleiben. In der Öffentlichkeit, inmitten vorbeiströmender Menschen.

Ein Infoscreen erregt dessen Aufmerksamkeit. Den hat man dort montiert. Extra für Kinder. Ein Kleinkind ist darauf zu sehen, das interessiert, immer wieder den Kopf hebend, auf etwas zukrabbelt. Und unser wartendes Kind schaut interessiert zu, folgt mit Kopf und Händen diesem virtuellen Kind.

Ohne Angst um Mutti wartet es da. Eine gute Idee.

Der Gemeindebau

Keine Fahrräder! Keine Skateboards! Kein Ballspielen! Hunde an die Leine! Keine Kinder! Kein lautes Reden! Keine Musik! Keine Individualität!

Selig die, die draußen sind.

Gewöhnungsbedürftig

Der Kauf einer Jacke für die kältere Jahreszeit will überlegt sein. Nahezu jeden Abend besuche ich dieses etwas andere Modegeschäft. Bunt ist sie, meine Auserwählte. Gewöhnungsbedürftig, weil anders als die sonst üblichen in schwarz und grau gehaltenen.

Gewöhnungsbedürftig für mich, werde ich doch ein neuer Mensch damit. Einer der Helle, Freude und Offenheit ausstrahlt. Das muss ich erst üben. Deshalb besuche ich jeden Abend dieses Modegeschäft.

Was denn würden die Leute denken, würde ich, nicht daran gewöhnt, in solch einer Jacke herumrennen? Sie würden denken: „So ein aufgeschlossener Typ." Und dabei wäre ich das gar nicht. Deshalb übe ich noch.

Wohin soll ich mich wenden

„Alle wollen es hören …" So redete unlängst der wiederauferstandene Johann Sebastian Bach, zu Gast in einer dieser Talkshows. Das melancholische Lied „Wohin soll ich mich wenden", hat heute einen neuen Sinn bekommen, durch das Vorhandensein von Talkshows. Dort kann man den quälenden Gram, den drückenden Schmerz loswerden, vor Millionenpublikum. Dort kann man sein Herz freudig pumpen lassen und jede Null und Nichtigkeit hinausposaunen, und das vor Millionen.

Was wusste Johann Sebastian damals schon von derartigen Möglichkeiten? Wie dürfen wir uns, als unwissendes Publikum, glücklich schätzen, dass es so etwas heute gibt? Johann Sebastian ließe uns Anteil haben an seinen tiefen Gedanken, großen Worten und wichtigtuerischen Gesten.

Wäre es aber so gewesen, könnten wir heute niemals seiner Musik lauschen.

Die Versöhnung in der Streitbar

In die Streitbar liefen sie, beide, getrennt, nicht wissend, dass der andere die gleiche Absicht verfolgte, dort einen zu heben, sich den Frust über den anderen hinunterzuspülen, wie dessen Besitzer vor Jahren bei deren Eröffnung angekündigt hatte: Streiten mit Anstand, Streitkultur, Ansatz zur Konfliktlösung in entspannter Atmosphäre, bei gedämpftem Licht und dezenter, klassischer Musik, reden miteinander, ohne Hast und Wut, zuhören, hinhören, bei seinem vis-à-vis und der Musik, und erkennen, dass der andere auch nur von Angst und Frust getrieben so ist, so handelt, so handeln wollte, handeln musste, und jetzt darüber redet, über geheime Dinge, Verborgenes, das jetzt, im dezenten Licht sichtbar, mit der Musik hörbar, mit der Berührung fühlbar wird.

Der Wein tut sein Übriges dazu. Was bleibt, ist Versöhnung, und draußen das Schild: „Streitbar".

Ortsnamen

Man teilte Aching, an der Ach gelegen, in Ober- und Unteraching, je nach Lage am Ober- oder Unterlauf der Ach. Als die beiden Ortsteile größer geworden waren, setzte man diese Einteilung fort, und es entstanden Oberoberaching und Unteroberaching bzw. Oberunteraching und Unterunteraching. Wieder größer geworden teilte man die Ortsteile erneut in Oberoberoberaching und Unterunteroberaching bzw. Oberoberunteraching und Unterunterunteraching. Und diese Art der Namensgebung setzte man beim Größerwerden dieser Ortsteile traditionsgemäß fort.

„Woher kommst du?", fragte verwirrt ein Fremder, als ihm einer dieser Siedler an der Ach seine Herkunft mit Oberoberober- und ein anderer mit Unterunteroberaching beschrieb.

Ganz leicht, erklärte daraufhin einer aus Oberoberoberaching: „Aching ist die Ortschaft am Fluss. Die unmittelbare Nähe eines ‚ober' oder eines ‚unter' zur Ach, also zu Aching, bedeutet seine Relation zur jeweiligen Lage des anderen, flussauf oder flussab gelegenen Ortsteils. Das vor ‚ober' oder ‚unter' stehende ‚ober' oder ‚unter' die jeweilige Flussauf- oder Flussablage, dieses durch das vorherige ‚ober' oder ‚unter' schon in Relation zum anderen Ortsteil flussauf oder flussab definierten Ortsteils. Beim nächsten ‚ober' oder ‚unter' vor dem ‚ober' oder unter', das vor dem vor Aching stehenden ‚ober' oder ‚unter' steht, bewegt man sich lokal ein Stück weiter flussauf oder flussab, und so fort."

Da war der Fremde nun völlig verwirrt. Es ist also kein Wunder, wenn Orte wie Unterunteroberaching oder Oberoberunteraching vom Massentourismus weitestgehend verschont bleiben.

Das schlagende Wochenende

Die Karte aufschlagend, schlägst du den Weg vor, den wir gemeinsam einschlagen. Unterwegs schlagen wir uns mit Bemerkungen übers Wetter herum, bis wir nach geschlagener Stunde und etlichen Schlaglöchern einen Unterschlag erreichen, wo ich mich breitschlagen lasse unser Zelt aufzuschlagen.

Beim Herumschlagen mit dem Einschlagen der Heringe versetzen deine Worte: „Das Zelt hat Schlagseite" mir einen Tiefschlag. Dadurch abgelenkt versetze ich meinem Daumen einen Hammerschlag, worauf du mich verarztest mit einem Umschlag.

Die Nacht stören ein Glockenschlag und der Lärm des nahen Holzschlags. Eine Nachtigall schlägt an. Dein Handschlag verursacht mir erhöhten Pulsschlag.

Die Nacht durchgeschlagen, kriechen wir zerschlagen ins Freie, um die Pfanne voll mit Eiern zu schlagen. Dazu gibt's Kaffee und Kuchen als Zuschlag, aber keinen Nachschlag.

Hoffentlich überstehen wir den Tag ohne Niederschlag, sonst wird das Wochenende ein Schlag ins Wasser.

Gokart-Rennen

Ist es Masochismus, Dinge zu tun, so zu tun, als ob sie mir auch jenen Spaß bereiten würden, den sie sichtlich anderen bereiten, jenen, die das erfolgreich tun? Ich bin nur dabei, ein Mitläufer. Werde gebraucht, als der Bedauernswerte, Belächelte, Nichtkönnende, Teilnehmerzahlfüllende unter lauter Ehrgeizigen und habe auch noch, trotz allem, als Startletzter Spaß dabei.

Und am Ende die Siegerehrung, bei der ich dabei sein muss, denn die Sieger – zu denen gehöre ich, denn jeder zählt – werden von rückwärts nach vorne laut verkündet.

Zuerst ich. Mein Name, deutlich. Ich muss aufzeigen. „Dein Applaus", sagt der Veranstalter. Alle schauen auf mich, alle klatschen. Demütigung ersten Ranges als Siebzehnter von Siebzehn.

Großglocknerlauf

Ins eiskalte Wasser tauchten wir unsere Füße nach der Anstrengung. Ein bisschen noch die Bergwelt genießen, den Eindruck von Größe und Freiheit. Ein bisschen noch verweilen, bevor die lange Rückfahrt beginnt. Ein bisschen dem Wasser lauschen, ein bisschen dem kalten Hauch von ganz oben, soweit der Horizont reicht. Enges Tal, hohe Berge, jede Art Vegetation.

Von hier unten bis ganz oben, sind wir gelaufen, gegangen, haben wir uns gequält. Jetzt ist es überstanden, der Eindruck der Bergwelt: unverändert. Danke.

Ein interessantes Wesen

„Wer bist du?", fragte der Typ, der sich so ungeniert meinem Rastplatz genähert hatte, während er sich demonstrativ eine Zigarette anzündete. Nicht von ungefähr stellte er diese Frage. Hatte er mich doch zuvor – wegen meines abrasierten Kopfes – geradeheraus gefragt, ob ich Nazi sei. Was ich natürlich verneint hatte.

Und jetzt wollte er weiter wissen, welcher Kategorie Mensch ich angehöre, wer ich sei.

„Wer ich bin?" antwortete ich: „Ein Niemand! Einfach ein Mensch."

„Ein Mensch", wiederholte er enttäuscht, stand auf und ging.

„Der Mensch", dachte ich, „ein interessantes Wesen."

Mein Typ

Wie er denn sein solle, mein Typ, werde ich gefragt beim Date und komme mir überrumpelt vor, denn nie habe ich mich mit solch einer Frage auseinandergesetzt. Einfach, weil ich unter Typ etwas ganz anderes verstehe, als man im herkömmlichen Sinne darunter versteht.

Früher, als du mir nicht auffielst und einfach eine unter vielen warst. Als ich weder deiner Stimme lauschte, noch dem Gerede anderer über dich. Ich dich in den verschiedensten Situation einfach übersah. Als ich dich noch nicht kannte, da warst du auch nicht mein Typ.

Erst als ich dich verstand, dein Wesen beachtete, dir zuhörte, deine Empfindungen zu verstehen versuchte, dich als Person kennenlernte, da bist du mein Typ geworden. Ein Typ, den ich vorher niemals so beschrieben hätte.

Der Besucher

„Herein", rufst du. Es hat aber niemand geklopft. Du hast es nur so gesagt. Die Tür geht auf, aber niemand kommt herein. Es hat ja auch niemand davorgestanden. Nur du hast dahintergestanden.

Unfinished Look

Der Schneider ist nicht rechtzeitig fertig geworden zur Premiere, zur Vorführung, zur Vorstellung. Dann hat man es einfach so genannt. Sieht auch gekonnt aus, dieses unfertige Ding, „unfinished" im Ärmelabschluss, im Dekolleté, im Saum.

Ein passendes Wort, ein neuer Stil und schon hat die Mode ihr neues Label.

CB Mattersburg

Er, so behauptet man, sei größenwahnsinnig gewesen. Er allein habe so hoch gepokert, und sich gleichzeitig als großer Gönner verhalten. Viele hätten von seinem Verhalten profitiert.

Darstellung war seine Absicht, denn groß dazustehen bedeutet Macht. Er galt als Finanzier so manches Vereins. Finanziert aus der Darstellung selbstgemachter Forderungen, deren Schuldner er erfunden hatte. Alles sauber aufgelistet in der Buchhaltung in Soll und Haben. Ein künstlich aufgeblähtes Stück Papier. Zahlen mit vielen Nullen.

Ja, so, und nur so lässt es sich in der Welt der Reichen leben. Eine Zeitlang hatte er das geschafft, blieb sein Schwindel auch den Finanzprüfern verborgen. Mitwisser? Eher Wegschauer waren seine Weggefährten.

Und jetzt sagt man, er allein wäre der Hochstapler gewesen. Nein, das ganze System ist es. Das System der Finanzwelt und der Reichen.

Impfgegner

„Ein Finne ist auch ein Finne, wenn er nicht in die Sauna geht." Wird der Finne aber in seiner Identität als Finne bedroht, dann wird er in die Sauna gehen, allein, um sein „Finnesein" herzuzeigen.

Die Menschen gehen auf die Straße, um ihre Freiheit herzuzeigen. In der Corona-Pandemie heben sie ihre Rechte hervor, schreien gegen die Politik. Die Bedrohung durch den eigentlichen Feind aber reden sie klein.

Sie weigern sich, sich zu bewaffnen, mit der einzigen Waffe, die wir gegen das Virus besitzen. Stattdessen schwitzen sie lieber auf den Straßen, während drinnen der Feind ihre Lebensgrundlagen zerstört.

Wien, Wien, nur du allein

Als im Frühjahr die große Flüchtlingswelle anrollte und auch in Wien, vor dem neuen Hauptbahnhof haltmachte, fiel mein Blick bei meiner Vorbeifahrt auf ein Kind. Ein kleines Mädchen, das vor einem kleinen Campingzelt stand, aufgestellt auf einer staubigen, trostlosen Baustelle.

Es stand dort und blickte in Richtung Stadtmitte. Straße, Verkehr, Lichter, pulsierendes Leben. Unwürdig, hier zu zelten, ohne Grün und ohne Ruhe. Wie in einer Wüste, außerhalb einer Oase. Es passte nicht hin, diese Zelt dort und dieses Kind. Musste es diesen hässlichen Eindruck erleben?

Drinnen in der Stadt, wenn man sich zurechtfindet in diesem ständig strömenden Leben, und wenn man es sich leisten kann, dort ist der Eindruck schöner. Aber hier auf dieser Baustelle, wo sie zwar keiner wegweist, einstweilen auch keine Besitzansprüche stellt, zeigt ihnen niemand Schönheit.

„Wien, Wien, nur du allein!" Der Eindruck dieses Flüchtlingskindes. Was wird es später einmal darüber erzählen?

Manche wünschen sich Erfolg, Reichtum, ein langes, glückliches Leben. Ich wünsche, dass dieses Kind auch die andere Seite Wiens, die schöne, die glückliche, die staunende, die lebensbejahende, zu sehen bekommt.

Der Schrei der Vergessenen

Badewannen im Keller. Viele stehen da, aufgereiht nebeneinander. Ein sonderbares, irrwitziges Arrangement. Hier legte man sie stundenlang in kaltes Wasser, um sie ruhig zu halten, ihre Energie zu kühlen. Denn was sollten sie dort damit.

Sie wurden weggesperrt, manche für immer. Manche starben. Manche wurden energie- und freudlos, ohne eigenen Antrieb, so dass man sie sogar entlassen konnte in eine ebenso freudlose und bedrückte Gesellschaft. Zwanzig Jahre dauerte so etwas im Schnitt.

Man glaubte, solche Krankheiten heilen zu können. Heute weiß man, dass man sie nur wegsperren kann. Mit Schwere und Düsterkeit beladen ist dieser alte Gebäudekomplex. Das konservierte Leid seiner Insassen trägt er in sich.

Diese Gebäude erklingen lassen, seine Fenster und Türen öffnen und mit eindringlichem, fröhlichem Klang alles nach außen tragen. Die Schwere hinaustragen mit Johann Sebastian Bachs Magnifikat in Es-Dur „Unser Mund sei voll Lachen". Die Seelen jener befreien, die dort gefangen waren.

Unauffällig

AKH. Betten, Bunker aus Beton. In den Wartesälen sitzen verstreut Menschen. Es sind nur ein paar. Wären es viele, empfände man dies als bedrückend. Aber genauso bedrückend empfände man die gänzliche Leere dieser Räume.

Warum ist es beim Weggang eines geliebten Menschen genauso? Warum sind mit einem einzigen Menschen auch alle anderen fort. Und ist er wieder da …
    Ich finde dich in einem der Krankenzimmer, und freue mich an der Natürlichkeit des Lichts, das durchs Fenster flutet.

Heute Morgen ist mir etwas Seltsames passiert, im Park, den ich immer quere. Diesem mickrigen Flecken Grün in der Stadt, dessen paar Bäume vollgeklebt sind mit Zetteln: „Kater Carlo entlaufen, grau geflecktes Fell, besondere Kennzeichen: frisst nur Exquisites." „Tigerkatze wieder einmal fort, hört auf den Namen Sieglinde, extrem scheu." „Rauhaardackel Waldi … Bitte rufen Sie …"

In diesem Zettelwald, ganz am Ende, klebt auch ein Zettel, auf dem steht: „Kind entlaufen. Hört auf den Namen Tina. Merkmale: Klein, quirlig, Jogginghose, Turnschuhe, Pullover. Besonderheiten: große Augen, isst nur Selbstgemachtes."

„Seltsam", denke ich, ganz auf dieses Kind fixiert, und wären mir auch hunderte dieser entlaufenen Katzen und Hunde über den Weg gelaufen, ich hätte sie nicht einmal bemerkt.

Ich habe das Krankenzimmer verlassen und befinde mich jetzt auf einem der vielen Gänge, die es dort gibt. Und plötzlich steht sie vor mir. Ich blicke sie an, Tina schaut zurück. Ich gehe ein paar Schritte, Tina folgt. „Tina", sage ich, „Magst du einen Apfel, oder Schokolade?" Ich weiß nicht, was man entlaufenen Mädchen so anbietet.

Wir gehen in eine nahegelegene Konditorei. Hinter einer Hecke aus immergrünem Immergrün verstecken wir uns vor den allzu neugierigen Blicken der paar Gäste. Ich bestelle Kaffee und heiße Schokolade. „Für nachher?", fragt die junge Kellnerin. „Nein, gleichzeitig", antworte ich. „Grisu hat auch so eine grüne Farbe", sagt Tina, aufs Immergrün zeigend. Grisu ist ihr kleiner Drache. „Aber der böse Thomas nimmt ihn immer weg. Thomas ist schlimm."

Als sie vom Essen redet, bestelle ich Nusskipferl. Die Chance für mich, sie zu fragen: „Warum sehen dich die anderen nicht?" Tina schweigt. Dann sagt sie: „Komm einmal mit!" Wir gehen in den Park, zu dem Baum, zu dem Zettel. „Kind entlaufen", lese ich, „Merkmale, Besonderheiten …"
    „Schreib dazu", sagt Tina, „schreib dazu: unauffällig."

Wir gehen auf einen Spielplatz. Absichtlich, weil dort in der Nähe ihre Mutter wohnt, und ich hoffe, Tina loszuwerden. Aber schon auf dem Weg hin, zieht sie schwer an meiner Hand. So wie Kinder sich immer schwer machen, wenn sie nicht wollen.

Trotzdem haben wir Spaß auf dem Spielplatz. Die paar vorbeikommenden Menschen schütteln den Kopf über mich alten Esel, der da scheinbar allein auf der Schaukel sitzt.

Bei mir zu Hause – ich kann Tina doch nicht alleine auf der Straße zurücklassen – krame ich umständlich ein altes Kinderbuch hervor. Und nachdem alles erledigt ist – alles, das sind Hände waschen, Essen zubereiten, aufs Klo gehen, waschen und sogar Zähne putzen – lese ich ihr vor. Sie liegt neben mir im Bett – ein anderes habe ich nicht –. Tina schmunzelt über die Bleistiftzeichnungen daneben. Ich finde sie nicht so lustig. Ich finde es schön, dass ich ihr ein Zuhause geben kann.

Nächster Morgen: Wir gehen zu ihrer Mutter. Es ist ganz leicht. Kein Ziehen und Sich-schwer-machen. Vor der Wohnhausanlage ihrer Mutter steht ein Krankenwagen. Zwei Rettungsmänner höre ich reden: „Hätte mir nicht gedacht, dass sich die Kleine so schnell erholt."

Vor der Wohnungstür sagt Tina: „Warte ein bisschen", und geht alleine hinein. Ich folge ihr, die Tür ist angelehnt. Im Wohnzimmer sitzt ihre Mutter, raucht, so wie sie immer geraucht hat, zerzauste Haare, Ringe unter den Augen. Sie hat geweint. „Entschuldige", sagt sie, „Ich habe gedacht, sie stirbt." „Es war so schrecklich, die letzten paar Tage. Dieses verdammte Regal … es hat so gekracht … es hat sich angehört wie …" Und sie schluchzt wieder.

Tina, den Oberkörper in Gips, schichtet umständlich Bausteine auf ihrem Spielteppich. „Die letzten Tage hat sie im Koma gelegen", redet Tinas Mutter weiter, „Ich habe gedacht, es ist vorbei." „Dass man so viel Angst haben kann. Aber das könnt ihr Männer ja nicht verstehen."

„Wird wohl so sein", antworte ich.

Tina blickt zu ihrer Mutter. Sie versucht aufzustehen. Ich helfe ihr. Sie berührt ihre Mutter, um ihr zu zeigen, dass sie da ist. Sie vergewissert sich ihrer Gegenwart. Erst dann wird sie wieder Kind und spielt. Wir Erwachsene tun das nicht. Wissen wir doch längst, dass der andere ein Mensch ist, mit eigenem Willen, mit eigenen Empfindungen und Gefühlen. Deswegen berühren wir einander nicht.

Ich habe die Wohnung verlassen. Mein Weg führt mich durch den Park. Ich erwarte, dass dieser Zettel jetzt fort ist. Aber er ist noch da. „Kind entlaufen", lese ich, aber diesmal ein anderer Name, andere Merkmale, andere Besonderheiten. „Da steht ja nur ,unauffällig' drauf", schimpft ein älterer Herr, den ich gar nicht kommen hörte, und geht weiter. „Ja", denke ich, „das Leben, und alles, was ich dazu schreibe."

Mein kleiner Bruder

Mein schlimmstes Verbrechen: Ich lebte. Ich lebte unter ihnen, und sie wollten mich nicht. Sie wollten einen anderen.

So stand ich da, am Sarg meines jüngeren Bruders. Am kleinen Sarg, einen ganz kleinen, einen Babysarg, und begriff nicht einmal, was das bedeutete, als er zu mir sagte: „Halte du die Stellung. Bleibe am Leben, kämpfe, setze dich ein für Gerechtigkeit, sei tapfer, fröhlich dabei, auch wenn niemand dich will."

So gabst du mir aus diesem kleinen Babysarg heraus, deine Lebenskraft. Ein Foto zeigt mich damals, mein noch kleines Gesicht und dein unbewegtes, starres hinter dem Glasfenster des Sarges.

75 Jahre Ausschwitz

Dort an dieser Tafel saßen sie beisammen, rauchend, an ihren Weingläsern nippend, scherzend mit ihren Frauen. Hin und wieder ein Kuss. Sie, die Männer in Uniform und Sternen am Revers, nach getaner Arbeit, gelöst wirkend. Befreit, als ob sie Schwieriges, selbst an ihren Fähigkeiten Zweifelndes vollbracht hätten. Denn leicht war sie nicht, ihre Arbeit.

Ihre Arbeit, ihr Auftrag vom Führer. Nicht aus Streben nach Ruhm, noch aus Überzeugung taten sie es, und werden es weiter tun, solange der Krieg dauert, so lange sie ihre Macht noch ausüben können.

Aus Gehorsam handeln sie. Sich versetzen lassen, nicht hinsehen können. Das machten auch einige. Sie wurden dafür nicht gedemütigt oder bestraft. Sie mussten wahrscheinlich nur an die Front. Und die, die es taten, sitzen jetzt beisammen. So wie alle Werktätigen nach getaner Arbeit beisammensitzen.

Ein alltägliches Bild, ein Tisch, Feierabend. Das, woran sie glauben, verdrängen sie hier. Es soll ihnen nicht die Stimmung verderben.

Es muss ja notwendig sein. Der Führer sagt es. Und er sagt ihnen auch, dass sie sich dabei nicht wohlfühlen werden. Darauf vertrauen sie. Daran klammern sie sich. Ist es doch das einzige, was ihrem Tun Sinn verleiht.

Sie nehmen ihn aber nicht mit, diesen Sinn, an diesen Tisch, an diesen Feierabend, in ihren Alltag. Da möchten sie frei davon sein. Nicht mehr daran denken, nicht mehr davon reden.

Welch ein Sinn, den man verdrängt, verstecken muss, so tun, als ob man für seine Umsetzung nicht verantwortlich wäre, nicht an seiner Verwirklichung mitgearbeitet hätte?

Der Führer, ihr Gott, den sie für ihr Handeln verantwortlich machen können. Ein Volk, das seine Menschlichkeit, sein Mitgefühl, seine Empfindungen in die Hände seines Führers legt. Ein Führer. Ein Reich. Ein Volk. Aber keine Menschen.

Der Journalist

Ein Journalist, der aus jeder Kleinigkeit eine sensationelle Story zu machen glaubt, gleicht einem Koch, der aus allem, was in der Küche herumliegt, ein exzellentes Gericht zaubern möchte.

Gut! Beide sind effiziente Verwerter von dem, was da ist. Beide verführen aber auch zu Übersättigung.

Nun begibt sich ein Journalist in eine Küche, in die er nur geht, wenn er Hunger hat und der Koch dort ihm auch nur dann eine Speise zubereitet. Das wäre Qualität, nicht Übermaß!

Er hört sich so gern

„Er hört sich so gerne reden", sagt man von ihm. Sich selber. Er ist eins mit dem, was er sagt. Fühlt so, lebt so, lebt in seiner Welt.

Man hört ihm zu. Zunächst aus Aufmerksamkeit, dann aus Achtung, dann aus Furcht, und dann gehen die ersten. Unauffällig schließt man sich an, immer mehr werden es, bis der, der vorne redet, alleine redet.

Und er redet immer noch. Er hört sich ja so gern.

Die Auskunft

Wo die Esterhazygasse sei, fragt sie mich, unmittelbar davorstehend. Bei manchen Leuten habe ich den Eindruck, sie wollen nur mit jemanden sprechen. Sie ist wahrscheinlich allein, diese ältere Frau, hat nach dem Mittagessen ihre Wohnung verlassen, ist hinunter auf die Mariahilfer Straße gegangen, um unter Menschen zu sein und fragt irgendjemanden, der ihr bereit dafür zu sein scheint, irgendetwas, nur um mit jemanden zu reden.

Ich fingere meine Ohrhörer heraus, um ihr den Eindruck zu geben, ich höre zu, erblicke, als ich mich wende, das klar erkennbare Schild „Esterhazygasse", und antwortete überlegen: „Hier ist sie, hier links."

Menschen, die miteinander reden. Auch wenn es nur Kleinigkeiten sind. Vielleicht habe ich ihr mit meiner Antwort sogar geholfen.

„Model Shop"

Geschäft für Hobbybastler. Schachteln mit Flugzeugen, Schiffen, Autos. Ich verlangte Tyra Banks. Ja, die hätte ich gekauft. Ein anderes Modell, unter Anspielung auf das Firmenschild draußen.

Und das, eines Flugzeugs kaufte ich dann. Und der Verkäufer dachte: „Wieder so ein Trottel, der meint mich Rechtschreibung lehren zu können."

Fuerteventura

Jede Pflanze hält ein Stück Erde fest, klammert sich an ihre Umgebung.

Wüste. Zuerst tötet man die Umgebung des Lebens, dann das Leben selbst.

Erwischt

Schnell, zu Boden blickend, ein paar Stufen hinunterhastend, in einen Seitengang verschwindend. Ein kleiner Junge, barfuß mit kurzer Hose und Leibchen. Sogar die paar erbettelten Rubel lässt er liegen. Nur nicht erwischt werden.

Die Gurke wollte er behalten, als man ihn erwischte. Eine alte, verrunzelte Feldgurke, die milde Gabe einer alten Frau. Nur seinen Vornamen kennt er. Wo er herkommt, weiß er nicht mehr.

Er zittert vor den forschen, aber freundlichen Uniformierten der Moskauer U-Bahn. Die Gurke möchte er behalten. Sonst hat er nichts. Keine Eltern, Verwandten, keine Heimat. Nur die alte, verrunzelte Gurke.

Beim Heurigen

„Ein Krügerl", bestellte ich nach kurzem Zögern.
„Wir sind hier ein Weinlokal", sagt die Frau im Dirndlkleid und bringt ein kleines Bier. Danke! – Entschuldigung – ich habe provoziert. Ich habe keinen Wein gewollt. Ich habe heute schon Bier getrunken, weil ich gewartet habe, vor deinem Haus, in einem Schanigarten.

Ein Insekt verglüht am Gelsenfänger. Mütter, die ihre Kinder „verhaltensmaßregeln". Der Rosenverkäufer holt schon wieder eine Vase aus dem Lokal. Anscheinend sind viele Charmeure hier.

Ich habe heute schon geweint. Bei einem schönen Lied habe ich an dich gedacht. Wieder stirbt ein Insekt am Gelsenfänger. Ich habe mit dir reden wollen.

Die Japaner am Nebentisch unterhalten sich dezent. Er trinkt rot, sie weiß. Er stochert in ihrem Essen, sie in seinem. Wie unwichtig doch Reden ist.

Die gelben Glühbirnen unter der Weinlaube wirken behaglich, ohne lästige Insekten. Wieder eine verglüht. Ich trinke mein Bier langsam.

An der Donau

Es gibt die Neue Donau, die Alte Donau und die Donau. Nur in Wien gibt es das, nirgends sonst in den Donauanrainerstaaten. Hier, in Wien, ist die Donau dreideutig.

Passend zu diesen Namen hält sich an den Stränden dieser drei Donaus das entsprechende Publikum auf. Die Jungen, die Alten und die unauffälligen, normalen Menschen.

Sagt man in Wien: „an der Donau", so versteht jeder darunter seine persönliche Donau und verbindet sie mit seinem persönlichen Adjektiv.

Nur dem Hochwasser ist das egal. Es durchfließt Wien und benutzt dazu die Donau ohne ein Adjektiv. Es nimmt keine Rücksicht auf diese Wiener Eigenart. Das Hochwasser, es ist halt kein Wien.

Die Beziehungskiste

Eigentlich eine Kiste mit neutralem Deckel.
Aber irgendein Scherzbold hat „Scheiße" darauf geschrieben.
Deswegen zögern auch so viele, sie zu öffnen!

Die Melodie des Lebens

Das Leben ist eine Melodie, eine schöne sogar.
Die Menschen hörten sie, und sie gefiel ihnen.
Und sie verlangten das Notenblatt, und Gott gab es ihnen.

Aber da begannen sie zu streiten,
über die Tonhöhe, die Klangfarbe,
über den Takt, die Pausen und
schließlich über den Wert jeder einzelnen Note.

Und beim Streit über all diese Kleinigkeiten
verloren sie die Schönheit der Melodie.

In deinen Armen

In deinen Armen liege ich gerne.
In deinen Armen fühle ich mich geborgen.
Ich spüre die Wärme deines Körpers,
den Hauch deines Mundes.
Dein Geruch ist angenehm.
Du gibst mir Liebe und Halt.

In deinen Armen kann ich träumen,
traurig sein, glücklich sein.

In deinen Armen kann ich leben.
Deine Arme halten mich fest,
sie sind mein sicherer Hafen,
mein Zuhause.

Ich brauche sie nicht erst zu prüfen,
oder misstrauisch zu liebäugeln.
Ich brauche nicht in das Gesicht zu sehen,
das diese Hände lenkt.
Du sprichst direkt mit ihnen zu mir.

Jetzt aber, sind sie verschlossen, deine Arme.
Du hast sie verschränkt, und
in deinem Gesicht kann ich nicht lesen.
Ich weiß nicht, ob du sie für mich jemals wieder öffnest.
Mir fehlt der Halt, die Geborgenheit, die Sicherheit.

Wie viel Halt, wie viel Sicherheit, muss ich geben?
Wie oft muss ich meine Hände ausstrecken,
bis jemand kommt, und sich darin geborgen fühlt?
Wie viel Liebe und Zuspruch muss ich aufwenden,
damit ich einem Menschen das weitergeben kann,
was du mir schenktest,
damit ich jener Halt für ihn bin,
der du für mich gewesen bist?

Aus deinen Armen heraus betrat ich die Welt,
und sie kam mir so fremd und abweisend vor,
so dass ich gerne wieder zurück geflohen wäre zu dir,
zurück in deine Arme.
Aber sie sind geschlossen,
und ich muss auskommen mit der Erinnerung daran,
und mit der Kraft, die sie mir gaben.

Es ist, als ob man reines Wasser in einen Behälter füllte,
und dieses wird dort abgestanden und verbraucht.

Langsam wird das Gefäß leer.
Aber die Sehnsucht nach dem Quell bleibt.
Die Arme der Mutter, der Geliebten,
der Frau an meiner Seite,
und die Sehnsucht danach.

Der Mensch als ein Gefäß, in das man etwas füllt,
von außen,
das aber unfähig ist, sich selber zu füllen.
Die Suche nach Gemeinschaft,
nach Geborgenheit in den Armen,
aus denen wieder Liebe und Herzlichkeit fließen,
in das Gefäß Mensch,
und womit es wieder gefüllt wird, randvoll,
und damit erst selbst fähig,
diese Fülle weiterzugeben.

Deine Arme haben davon berichtet,
von dieser Lebendigkeit,
von diesem Sinn des Lebens.
Deine Arme haben mir den Blick geöffnet,
den Weg gezeigt, nach solchen Armen zu suchen,
nach der Verbindung zur großen Gemeinschaft,
dem Ursprung des Lebens.

Von deinen Armen bin ich ausgegangen,
in deine Arme kehre ich wieder zurück.

Unser Uns

Sprich nicht. Du erschreckst sonst unser Uns.
Du lächelst. Du lachst über uns.
Du siehst unser Uns.
Du sagst „Du" zum Uns.

Wir könnten es wegtun, unser Uns,
so dass nur du und ich übrig bleiben.
Du könntest fortgehen mit unserem Uns,
oder ich könnte das.
Jeder für sich.

Und es würde sich alleine fühlen, unser Uns,
ohne uns.

Der Täter

„In der Tat", sagte er sich, nur um dann nichts zu tun.
Tatsächlich, so war's.
Nichtstun, auch eine Tat.

Ein Täter ist er.
Schuldig hat er sich gemacht.
Er hat nichts getan.

Der Kern

Der Kern hat seine Umgebung verloren.
   „Er ist tot", sagen die einen, und die andern: „Er hat sich zu-
rückgezogen."

Der Kern trägt das Leben nicht hinaus. Er trägt es in sich.
Er bleibt geschlossen. Das Leben wartet.

Der Kuss

Warum küsst ihr euch?
Weil er schön ist, der Kuss.
Vorher und nachher, und mittendrin.

Weil er Kraft gibt,
weil er Sehnsucht weckt,
nach dem nächsten Mal.
Weil das Leben läuft, durch ihn, auf und ab.

Weil er Verbundenheit signalisiert,
Berührung ausdrückt.

Und weil man nicht weiß,
was man sonst mit seinem Mund machen sollte,
vorher und nachher und mittendrin.

Mein Leben

Alle würden es besser machen.
Besser planen, besser einteilen, besser umsetzen.

Alle – mein Leben.
Ich lebe es.

Gott erschießen

Er wollte niederknien und beten.
Sie ließen es nicht zu.

Sie erschossen ihn gleich.
Sie erschossen Gott.

Kennst du das Land, wo die Privilegien blühen?

Wo man meint, es sich richten zu können,
schlauer, mieser, hinterhältiger zu sein als die anderen.
Und doch nur auf wohl erworbenes Recht pocht.
Wo ein Heer von Frühpensionisten einem Häuflein
Erwerbstätiger das Geld aus der Tasche zieht.
Wo die Firmen nur mehr Dreißig- bis Fünfzigjährige beschäftigen,
und alle anderen entlassen, oder erst gar nicht einstellen.

Wo man Experten, Kritikern, Wissenschaftlern den Mund verbietet.
Und stattdessen angebliche Volksvertreter reden lässt.
Wo die Parteizugehörigkeit des einen mehr zählt,
als die Qualifikation des anderen.
Wo man die, die Schlechtes getan, in allen Ehren verabschiedet.
Wo man das Kriechen schon von klein auf lernt.
Das „G'schamster Diener", „Küss die Hand, Frau Direktor",
„Sehr erfreut, Herr Amtsrat",
„Hochachtungsvoll, stets zu ihren Diensten!"

Wo man viel erreicht mit Zeit, und Geduld,
mit Hartnäckigkeit, mit Sesselkleben.
Wo man sich stets nach dem Winde dreht.
Mit dehnbaren Begriffen, nichtssagenden Worten,

vielversprechenden Gesten operiert.
Wo man Beihilfen, Zuschüsse, Einschüsse, Vorschüsse beansprucht
und sie gleichzeitig als
Sonderausgaben, Aufwendungen und Werbungskosten absetzt.
Wo man dann sagt: „Alles nur Kleinigkeiten!"

Wo man freundlich gegrüßt werden will, behandelt wird als etwas Besonderes,
trotz seiner Privilegien, auf Kosten anderer.
Wo man dieses Verhalten sozial nennt.

Wo man auf die schimpft, von denen man profitiert.
Auf die Jugend, auf die Ausländer, auf die Tüchtigen,
auf die Dienerschaft, wie man meint,
denn als Ehrenmann, als Hofrat, Amtsrat, Studienrat, Kommerzialrat
hat man es doch wirklich nicht nötig, sich mit Pöbel abzugeben.

Wo man meint, dieses Land sei ein Privileg der bevorzugten
Schicht.
Man habe seine Regierung, seine Regentschaft,
seine Dienerschaft, seinen Einfluss.
Man meint es zu kennen, dieses Land,
und kennt es doch nicht!

Aber man wird es kennen lernen!
Dann nämlich, wenn die, die man jetzt noch ausnützt, erkennen,
dass hier nur umverteilt wird, von unten nach oben.
Vom Nur-Mensch, Nur-Beschäftigten, Nur-Staatsbürger,
hin zum Privilegierten, zum Bessergestellten.

Dann werden die einmal sagen: „Aus!"
Den Diebstahl an der Allgemeinheit aufdecken.
Und dann werden die Bevorzugten dieses Land erkennen,
wo einmal die Privilegien blühten.
Denn dann wird es dieses Land nicht mehr geben.

Heimat

Meine Heimat, und drumherum immer mehr Heimatlose.
Und je mehr sie werden, desto weniger Heimat bleibt mir.
Ist Heimat nur mein Zuhause?
Mein Teil der Welt?
Angst, dass mir dieser Teil genommen wird.
Eifersucht, dass Heimatlose meine Heimat benutzen.

Warum erscheint die Heimat so klein und nie wirklich groß,
so eng, so begehrt, so bedroht.
Nie hat eine älter werdende Generation so direkt erleben müssen,
dass nach ihnen alles anders wird.

Dass Begriffe, die unumstößlich schienen, plötzlich nichts mehr
bedeuten.
Heimat, das ist kein Flecken auf unserer Erde, das ist unsere
Erde selbst.
Sonst haben wir keine.
Und jeder, der meint, seinen Flecken Heimat festzuhalten,
macht sich damit schon heimatlos.
Und jeder, der meint, seinen Flecken vergrößern zu können,
nimmt sich selber ein Stück davon.

Das Leben auf „Au"

Mit der Ehefrau getraut. Ein Haus erbaut. Ein Kind taufen.
In die Zukunft geschaut. Mit Verantwortung betraut.

Im Supermarkt einkaufen. In der Freizeit laufen. Im Urlaub ver-
schnaufen.
Hunde, die raufen. Den Abfall auf einen Haufen.

Unterhaltsames Plaudern. Erinnerungen zusammenklauben.

Sich der Hoffnung berauben. Anerkennung erkaufen. Sich mit Freunden besaufen.

Vor Schwierigkeiten zaudern. Vor dem Tod erschaudern. Ihm ins Auge schauen, und auf Gott vertrauen.

Das Feld überlassen

Das Minenfeld, gerne.
Das Gravitationsfeld, schwer.
Das Spielfeld, unterlegen.
Das Getreidefeld, den Ähren.
Das Umfeld, unbedenklich.
Das Betätigungsfeld, im Auftrag.
Das Spitzenfeld, den Führenden.
Das elektronische Feld, den Elektronen.
Das Spannungsfeld, den Geladenen.
Das Schussfeld, flüchtend.
Das Resonanzfeld, schwingend.
Das Strahlungsfeld, leuchtend.
Das Bohrfeld, voller Öl.
Das Eisfeld, gefroren.
Das Magnetfeld, abstoßend.
Das brache Feld, unverändert.

Die Karriereleiter

Die Karriere-Holzleiter wird mit der Zeit morsch.
Die Karriere-Schiffsleiter: rechtzeitig besteigen, bevor das Wasser kommt.
Die Karriere auf dem Starkstrommast ist hoch spannend.

Die Karriere-Rolltreppe: ein Schritt und warten.
Die Karriere-Räuberleiter bedarf fremder Hände, die zupacken.
Die Karriere-Drehleiter: Man dreht sich.

Die Karriere-Doppelleiter. Auf der einen Seite hinauf, auf der anderen hinunter.
Die Karriere-Strickleiter baumelt gerade so hoch, dass man sie nicht erreichen kann.
Die Karriere-Feuerwehrleiter: nur besteigen, wenn's brennt.

Der Karriere-Lift: unterwegs mit anderen.
Der Karriere-Paternoster lässt Karrieresprünge zu.
Der Karriere-Schlepplift zieht dich empor.

Der Karriere-Sessellift, die bequemere Art, nach oben zu kommen.
Auf der Karriere-Wendeltreppe: Man wird schwindelig.

Das Trinkglas

Ich habe ein Trinkglas, auf dem Fische abgebildet sind. Und daraus trinke ich Wasser. Und ich habe Schuldgefühle dabei, den imaginären Fischen das Wasser wegzusaufen.

Drüberfahren

Haufenweise aufgekauft haben sie das billige Zeug, die Plagiate ihrer teuren Originale, und aufgeschichtet. Drüberfahren soll nun eine angemietete Walze. Reich fährt über arm.

„Wert dominiert über Kitsch", nennen sie ihre Kampagne.
     „Wenige Reiche, die viele Arme aufkaufen können", nenne ich sie.

Arroganz zur Schau gestellt. „Mir gehört die Welt", sagen sie, „und ich verkaufe sie zu einem hohen Preis."

Reich und arm

Nicht selten nimmt man wahr, dass die Reichen die Armen um deren natürliche Art, mit den Schwierigkeiten des Lebens umzugehen, beneiden. Eines Tages wird es soweit kommen, dass sie nicht dulden, dass diese frohgemut sind.

Und sie werden sagen, nur Wohlhabenden stünde dieses Privileg zu. Nur sie dürften ein glückliches Äußeres zur Schau tragen, während die Armen gebeugt und gedemütigt daherkommen müssten, dankbar, überhaupt am Leben sein zu dürfen.

Globalisierung

Da ist der eine Teil der Welt, dessen Menschen jede Art von Diät ausprobieren und der andere Teil, dessen Menschen Sattsein gar nicht kennen.

Austauschen sollte man sie. Wenigstens für ein paar Tage. Aber eine solche Globalisierung gibt es noch nicht.

Der Beruf des Drehers

Es gibt Rechtsverdreher, Wahrheitsverdreher, Wortverdreher … der Beruf des Drehers scheint eine andere, weit verbreitetere Form angenommen zu haben.

Genauer gesagt, der Beruf des Verdrehers. Jemand also, der an etwas dreht, was bereits in einer richtigen Stellung vorhanden ist. Er verändert dessen Stellung. Aus vielerlei Gründen macht er das, meistens jedoch aus unedlen, weil es ihm – so rechtfertigt er sich – eine höhere Macht oder das Kapital so gebietet.

So weit, so (nicht) gut! Bedenklich dabei ist nur, dass bei solchem Tun der zweite Wortteil „-verdreher" weggelassen wird, und es nur als Recht oder Wahrheit oder Wort bezeichnet wird.

Kreatives Arbeiten

Man setzt sich hin und beginnt zu arbeiten. Nein! Das wäre „normales" Arbeiten.
Kreativ bedeutet: Man setzt sich hin und tut nichts. Dabei strömt alles auf einen ein.

Je ungestörter dieser Fluss, desto besser. Und erst, wenn dieser Zustrom die Grenze der eigenen Aufnahmefähigkeit überschreitet, beginnt etwas von einem fortzuströmen. Und diesen Abfluss kann man formen. Das ist kreatives Arbeiten.

Freiheitlich

Warum heftet eine Partei auf ihre Fahnen; „Freiheit"? Entschuldigung, sie benutzt nicht einmal dieses Wort im eigentlichen Sinn, sie sagt: „Freiheitlich". Was bedeutet das?

Man versieht ein Substantiv mit der Endung „-lich". Damit erhält dieser Begriff die Möglichkeit, wie eine Eigenschaft gebraucht werden zu können. „Das sind die, die Freiheit bringen", sagen ihre Wähler.

Die Partei selbst kann dies solange versprechen, solange sie ihre Wähler braucht, und braucht auch weiter nichts zu tun, denn die Einlösung dieses Versprechens liegt in der Zukunft.

Ihren Wählern versprechen sie Freiheit. Ihren Gegnern verbieten sie sie. Und ihren Mitgliedern nehmen sie sie, die Freiheit. Und das nur, weil sie die Freiheit als Eigenschaft benutzen.

Die arme Kreatur

Während meiner Studienzeit als ich in den Ferien in einem großen Kaufhaus jobbte, lernte ich dort einen Neger kennen. Ich bezeichne ihn so, weil wir Europäer einfach alles so bezeichnen, was aus einem bestimmten Teil der Welt zu kommen scheint. Zwar wissen die meisten gerade noch, wo Afrika liegt, und können vielleicht auch einige seiner Staaten voneinander unterscheiden, so wissen sie doch mit einiger Bestimmtheit nichts über deren politische, wirtschaftliche und soziale Verhältnisse. Deshalb verwenden sie gerne diesen Oberbegriff für alle Dunkelhäutigen. Ich schließe mich der Einfachheit halber – schließlich möchte ich auch verstanden werden – dieser Definition an.

Also, dieser Neger erzählte folgende Geschichte: Als er in Wien studierte, führte er einen Hund Gassi, denn dies war sein Nebenjob. Er ging mit den Hunden reicher und zumeist auch betagter Leute gegen ein kleines Entgelt spazieren.

An einem solchen Tag, als er sich pflichtbewusst dieser Tätigkeit widmete, hatte er gleichzeitig einen Besichtigungstermin für ein Zimmer bei einer möglichen Untervermieterin. Ein Wolkenbruch überraschte die beiden. Es regnete in Strömen, so dass er und der Hund vollkommen durchnässt wurden.

In diesem Zustand, selbst triefend vor Nässe, läutete er mit dem nassen Bündel Hund im Arm zur vereinbarten Zeit, am vereinbarten Ort an der Wohnungstür. Eine ältere Dame öffnete, blickte zuerst lange auf ihn, dann auf den Hund, schlug die Hände zusammen und rief bestürzt aus: „Der arme Hund!"

Das Stofftier

Während meines Urlaubsaufenthaltes in Zypern machte ich es mir zur Gewohnheit, zur nächtlichen Stunde ein kleines Lokal unweit meines Hotels aufzusuchen. Dort spielten zwei, dem Bürgerkrieg ihrer Heimat entflohene, Serben, Boza und Stanely, eine Art poppigen Jazz, mit Gefühl und Melodie und recht ansprechenden englischen Texten.

Ich hörte sie gerne, unter anderem deshalb, weil es sonst in der Nachbarschaft kaum andere Live-Musik außer den griechischen Bouzoukas gab. Nebenbei: Sie spielten auch „Imagine" von John Lennon. Serben, die vom Frieden singen. Aber so wenige hören ihnen zu!

Mitten in der Pause, zwischen zwei Liedern, beugte sich der Gitarrenspieler plötzlich vor und reichte einem kleinen Kind, das schon einige Zeit fasziniert vorne gestanden hatte, ein Stofftier, welches während der Vorstellung als Maskottchen auf der Lautsprecherbox gestanden hatte. Das Kind freute sich darüber und schließlich, nach einigen vergeblichen Rückgabeversuchen, auch dessen Eltern, ein englisches Touristenehepaar.

Warum erzähle ich das?
Weil es einen Unterschied gibt zwischen dem Stofftier auf der Musikbox und dem in den Händen des Kindes. Steht es auf der Box nur als Maskottchen herum, das Stofftier. Dort, in den Händen des Kindes, dort lebt es!

Die Frau bei der Wasserrutsche

Ein bisschen Angst hatte ich ehrlich gesagt schon, das erste Mal, als ich dort in der Warteschlange, inmitten von Kindern, stand und der Einstieg bedrohlich näher rückte. Ich war froh, dass niemand meine Gedanken lesen konnte, besonders die ganz Kleinen nicht, die riesigen Spaß zu haben schienen.

Oben angelangt, war es dann soweit. Ich musste – ob ich wollte oder nicht, schließlich muss man ja seinen Mann (eigentlich sein Kind) stehen – meinen Körper dem kalten Nass des in die Plastikrinne sprudelnden Wassers anvertrauen. Und flugs ging's hinunter. Aber kaum dem strömenden Wasser des Auffangbeckens entstiegen, eilte ich wie alle anderen wieder nach oben, um dieses Hochgefühl erneut genießen zu können.

Da saß sie. Eine hübsche, etwas mollige, blonde Frau Mitte dreißig und lächelte. Da thronte sie, auf ihrem, von der Sonne des Tages erwärmten Stein, die blonde Meerjungfrau, und lächelte über das Kind im Mann. Sie beobachtete wohl ihre Kinder, passte auf, dass ihnen nichts passiert. Eine richtige Mutti.

Irgendwie fühlte ich mich auch unter ihrem Blick geborgen. Vielleicht wäre sie sogar ins Wasser gesprungen und hätte mich gerettet, wenn ich dieser Hilfe bedurft hätte.
Ihre Kinder hingegen beachteten sie nicht einmal, so hingebungsvoll widmeten sie sich dem Rutschen und dem anschließenden Emporsteigen der Treppen. Sie aber beobachtete das Ganze und genoss wohl das Gefühl des Loslassens und gleichzeitig Geborgenwissens ihrer Kinder.

Sie wird wohl keine Dichterin sein. Aber irgendwie wirkte sie angeregt, aufnahmebereit für die Dinge rings um sie. Und sie wird es wohl nicht niederschreiben, was sie dabei empfand, nicht auf Zettel und Papier. Sie wird es mit ihren Händen, mit ihrer Zuwendung, mit ihrer Liebe tun. Sie wird eine gute Mutter sein.

Die Bierflasche

Das Besondere an ihr ist nicht ihr Äußeres. Sieht sie doch aus wie jede andere Bierflasche auch. Nein, es ist der Platz, an dem sie steht. Ein ganz und gar atypischer Platz für eine leer gesoffene Bierflasche. Steht sie doch mitten im Zentrum Wiens, zwischen Karlsplatz und Stephansplatz, unter der Erde, auf einer Kabelführung neben der U-Bahn. Und ihr Anblick ist nur jenen Fahrgästen vergönnt, die das Glück haben, in einer Garnitur zu sitzen, die zufällig – aus welchem Grund auch immer – diese Stelle mit verminderter Geschwindigkeit passieren muss. Ein besonderes Vorrecht also, sie zu sehen. Und dieses Vorrecht nur für wenige Auserwählte, diese nahezu perfekte Tarnung im Untergrund Wiens, das ist das Besondere an ihr.

Er wusste vielleicht gar nicht, was er tat. Ahnte nichts von der Denkwürdigkeit seines Tuns, jener Bauarbeiter, den sie mit ihrem Inhalt stärkte und kräftigte und zu weiterer Leistung antrieb. So wie ein Maler, scheinbar durch des Schicksals folgenschwere Hand geführt, den entscheidenden Pinselstrich setzt, so setzte er seine Flasche ab, dort, an jenem Punkte unterhalb der Kärntnerstraße, der dazu vorherbestimmt war.

Dort steht sie nun staubüberzogen und wartet auf jene U-Bahn-Benützer, die vorerst noch gelangweilt, traurig, verträumt, mit leerem Blick die dunklen Wände des U-Bahn-Schachtes an ihren müden Augen vorübergleiten lassen, um sie dann zu fixieren. Ein Stern in dunkler Nacht. Um sie wieder zum Leuchten zu bringen. Dass es so etwas gibt, mitten im Herzen Wiens!

Manchmal wundern sich zwar die Wirtsleute, Café- und Restaurantbesitzer der näheren Umgebung, warum gar so viele Leute, kaum den letzten Stufen der Rolltreppe entstiegen, gierigen Blickes und mit lechzender Zunge bei ihnen ein Bier bestellen. Aber sie schreiben es in ihrer Naivität wohl der sommerlichen Hitze der Großstadt und dem Staub in den U-Bahn-Schächten zu.

Let's talk about Sex

Ich bin ja, bei Gott, kein „ecouteur" (im Gegensatz zum voyeur, „voir" = sehen, „ecouter" = hören). Aber unlängst hörte ich zufällig das Gespräch zweier Schulmädchen mit an, die hinter mir gingen. Während die eine, mitten im Gespräch plötzlich sagte: „Na heute, bin ich aber gut drauf!", antwortete die andere kurz, aber sinnig „pfui", und offenbarte damit die Verklemmtheit unserer Generation.

Ich sage bewusst unserer Generation. Jener nämlich, die es jahrzehntelang verstanden hat, diesen unnatürlichen Umgang mit dem Thema Sex ihren Kindern weiterzugeben. Sind sie doch alle gehemmt, verklemmt, und reden nur zweideutig, nur indirekt oder mit schlechten Witzen darüber. Geben sie sich doch alle stets treu, liebevoll, nüchtern und keusch, ständig gesittet, kühl und berechnend im Umgang mit ihren Trieben, während die Männer still und heimlich Pornos schauen, und die Frauen sich ihren sehnsuchtsvollen Träumen von mächtigen, rücksichtslosen, aber gerade ihnen gegenüber liebevollen und treuen Männern hingeben.

So leben sie aneinander vorbei, und geben diese Unfähigkeit an ihre Kinder weiter. Von wem aber soll die Jugend den Umgang mit dem Thema Sex lernen, wenn ihr die Erwachsenen darin so gut wie kein Vorbild sind? Klischeehafte, einseitige Information muss dafür herhalten. Alles jedoch ohne den Anspruch, wahr und echt zu sein. Technische Erklärungen. In welchen Abständen man die Pille nimmt, oder wie man ein Kondom benützt. Doch niemand sagt ihnen, warum, und warum überhaupt Sehnsucht und Leidenschaft. Niemand sagt ihnen, dass es ein normales, menschliches Bedürfnis ist.

So wie diese beiden Mädchen, so reden wir alle miteinander. Das ist unser natürlicher, eigentlich unser unnatürlicher Umgang miteinander. Arme Generation, die ihre Sexualität skrupellosen Geschäftemachern überlässt und damit das Schönste aus den Händen gibt, andere über Befriedigt- oder Unbefriedigtsein entscheiden lässt.

Sie können einem leidtun, diese Menschen, die im anderen Geschlecht immer etwas Schmutziges, Abstoßendes, oder ein nie zu erreichendes Ideal sehen. Alles nur Träumer oder Komplexler, aber keine echten Menschen.

Diese beiden Mädchen werden zur Schule gehen und dort von ihren Klassenkameraden schmutzige Witze und anzügliche Bemerkungen zu hören bekommen. Sie werden den rechten Gebrauch des Kondoms und der Pille erlernen. Sie werden ein Zuhause vorfinden mit zwei züchtigen Eltern, für die das Thema Sex Tabu ist. Die damit umgehen wie mit dem Ausgang ihrer halbwüchsigen Tochter. Sie hat eben um eine bestimmte Zeit zu Hause zu sein, und damit basta!

Sie werden ein geordnetes Leben führen, in dem alles eingeteilt ist. Alles seinen Ort, seine Zeit hat. Da ist kein Platz für Spontanität, Kreativität und Gefühle. Und wenn, dann sagt man dazu „pfui" und meint damit, eigentlich ist es ja schön. Und man sagt „gut drauf sein", und drückt damit das Bedürfnis aus, auch einmal gut drunter zu sein.

Unsere Sprache hat man pervertiert, und sagt das Gegenteil von dem, was man denkt. Was wird der Mensch noch alles verkehren und verdrehen, bevor er direkt sagt, was er will, ehrlich ist zu sich selbst und zum anderen?

... ein Lächeln

Obwohl ich schweigsam bin, gelingt es mir manchmal, Menschen mit kurzen, treffenden Bemerkungen zum Lachen zu bringen. Und obwohl ich dies nicht immer beabsichtige, bin ich doch erstaunt darüber, wie diese aufgenommen werden und welche Wirkung sie erzielen. Einmal habe ich sogar unseren Gott zum Lächeln gebracht. Diesen großen, erhabenen Gott. Und das kam so:

Lange Zeit besuchte ich die Kirche, in die ich sonst zu gehen pflege, nicht. Dies hatte verschiedene Gründe. Zum einen, hatte ich mich für den Marathon angemeldet. Und gewissenhaft wie ich war, nahm ich vorher an allen möglichen Laufveranstaltungen teil. Alle ausnahmslos an einem Sonntag. Zum anderen waren da meine Neffen, die mich, als alteingesessenen Radfahrer, zur Erprobung ihrer neuen Mountain Bikes auf diverse Radtouren mitnahmen. Auch wieder nur an Sonntagen. Dann war da unser, übers Wochenende dauernder Betriebsausflug, und nicht zuletzt der Besuch bei meinen betagten Eltern auf dem Lande, um dort notwendige Gartenarbeiten auszuführen.

Als ich dann endlich wieder die Messe besuchte und meinen gewohnten Platz, hinten links, eingenommen hatte, stand dort, neben mir, jene Frau, die ich heimlich verehre, weil sie mich an eine frühere Liebe erinnert. Zusammen mit ihrem kleinen Sohn stand sie dort, hübsch anzusehen im Profil.

Beim Vaterunser reichten wir uns die Hände. Ich war erstaunt über ihren festen Händedruck. Sie lächelte mir zu. Und Gott sprach zu mir: „Siehst du, Stefan, jetzt warst du solange nicht mehr bei mir in der Kirche, und so nett habe ich dich begrüßt!"

Und ich freute mich über seine Worte, nahm sie dankbar an, und antwortete ihm: „Aber, ich bin schon auch wegen dir gekommen!" – Da lächelte er.

Das Schuhband

Einem kleinen Buben löste ich das Schuhband aus der Rolltreppe, das sich dort verfangen hatte, und jetzt einen starken Zug auf seinen kleinen Fuß ausübte. Es tat ihm sichtlich weh. Seine Mutter war stoned, high oder besoffen, was weiß ich, einfach unfähig dazu.

Ich löste es heraus und knüpfte es dann auch noch, sein Schuhband. Dann ließ ich beide stehen. Ein Band fürs Leben, vielleicht. Ein loses Band. Wir haben uns nie wieder gesehen.

Sandras Weg

Ich kenne diesen Weg genau. Ich liebte ihn, und ich hasste ihn, diesen Weg, bei meinem regelmäßigen Lauftraining. Ich kenne ihn bei Wind und Wetter, Regen und Sonnenschein. Er ist ein Stück meines Lebensweges geworden. Und ich könnte Sandra verstehen, würde sie mir etwas über diesen Weg erzählen, der auch ein Teil ihres Lebensweges war. Sie wuchs dort auf. Tat dort die ersten Schritte, damals noch unter der Obhut ihrer sorgenden Eltern. Und sie hörte dort die ersten Warnungen vor dem Wasser.

Es war eine Kindheit wie jede andere auch, dort am Wasser des Liesingbaches, mit seinen Wegen und Spielwiesen daneben. Und es war ein schönes und geborgenes Leben, das sie dort führen durfte. Und immer blieb die Warnung vor dem Wasser nur eine Warnung, nur ein gut gemeinter Rat. Nie hatte sie dessen Wucht und Kraft erfahren. Was es heißt, dort drinnen, im Bachbett um sein Leben zu kämpfen. Und besonders, weil dieses Wasser meist nur einem kleinen verträumten Rinnsal gleicht, das sich langsam zur Mündung in die Schwechat und später in die Donau hinzieht.

Dieser kleine Fluss gehört einfach dazu. Zur Gegend, zur Mentalität der Leute und zum Weg, der ihn entlang führt. Er durchzieht diese Landschaft. Er verbindet Welten.

An jenem Tag aber, am Dienstag, den 15. April 1997, verband sich seine Welt, mit der Sandras und beide wurden eins. Nahm der Fluss ihren Körper auf und transportierte ihn dorthin, wohin er all sein Treibgut transportiert. So lange schon hatten diese beiden Welten friedlich nebeneinander existiert. So lange schon hatten sie einander nur berührt, aber nicht weh getan.

Es ist sehr idyllisch, wenn man diesem Weg folgt. Zwei Fußgängerbrücken spannen sich über den jetzt breiten Strom. Vorbei an tief hängenden Weiden und dichtem Ufergestrüpp, mit hohen Bäumen, und kühlen Schatten. Und besonders, nach Regengüssen atmet die Landschaft intensiv nach Leben.

Vielleicht möchte uns dieser Fluss erklären, warum. Aber wir verstehen ihn nicht. Vielleicht möchte uns Sandra erzählen, wie es war. Aber auch sie verstehen wir nicht. Es ist traurig, dass wir uns nicht verstehen. Da gehen wir einen gemeinsamen Weg, einen, den wir zu kennen glauben, und auf dem sich doch so vieles abspielt, das wir nicht zu erklären vermögen.

Es gibt im Liesingbach mehrere Stellen, wo man ins Bachbett Stufen eingebaut hat, damit das Wasser dort gereinigt wird und mehr Schwung bekommt. Kleine Wasserfälle. Dort muss es Sandras Körper hinuntergespült haben und er muss sich fast lustig, im Kreise zu den tanzenden Wogen gedreht haben.

Jener Spaziergänger, der sie dann in einer abgelegenen Donauau fand, glaubte zunächst, es handle sich um eine Puppe. Ja, das Wasser hatte sie als solche behandelt. Es hatte keine Rücksicht darauf genommen, dass sie einmal lebendig gewesen war, dass sie einmal Liebe und Freude, Schmerz und Leid empfunden hatte.

Dass sie einmal in unserer Welt gelebt hatte, mit uns und bei uns. Es hatte sie behandelt wie jedes andere Treibgut auch.

Die kleine Puppe hieß Sandra. Unbemerkt, von niemanden gesehen, trug sie das Wasser hinaus aus unserer Welt, hinein in eine andere Welt. Und könnten wir ihm alles verzeihen, diesem Wasser des Liesingbaches, die Achtlosigkeit, mit der es das tat, nicht.

Da gehen wir einen gemeinsamen Weg, einen, den wir zu kennen glauben und auf dem sich doch so vieles abspielt, was wir nicht zu erklären vermögen. Wir müssen akzeptieren, dass ihr Weg dort ein Ende hatte. Dass man nicht an einem beliebigen Punkt angelangt – so wie ich gerade, bei meinem Lauftraining –, einfach sagen kann: „Aus! Retour!" –, kehrtmachen und den ganzen Weg wieder zurücklaufen.

Sandras Leben war wie ein Tropfen Wasser. Er floss vorbei, wie unzählige andere auch. Und niemand konnte ihm Einhalt gebieten, konnte sagen: „Halt Fluss! Was machst du denn da!", konnte das Wasser umdrehen und zurückfließen lassen, konnte ihr Leben festhalten.

Empty Room

Hier bin ich, hier in meiner leeren Wohnung, lenke mich ab durch Arbeit. Die letzten Sachen weggeben, putzen, Fliesen, Fenster, Steckdosen. Die letzten Essensreste. Später werde ich Besuche machen, Spaziergänge, Schaufensterbummel, Natur.

Mein Leben geht weiter, auch mit leerer Wohnung. Schon ist mein neues Zuhause bereitet. Anders wird es dort sein. Anders ist es dort eingerichtet. Auch mein Innerstes ist anders, mein Gefühl. Ich kann es nur als Nicht-mehr-Zuhause und Noch-nicht-Zuhause beschreiben.

Du und die Welt

Du bist ein Teil der Welt.
Dich gäbe es nicht ohne die Welt.
Niemals bist du: du selbst allein.
Der Welt würde ohne dich ein Teil fehlen.
Sie wäre unvollständig ohne dich.

Getrennt voneinander?

Die Denkweise: Ich kann mich bewegen, während alles andere stillsteht. Ich kann mich ändern, während alles andere unverändert bleibt. Ich kann schneller sein, als das Licht und deshalb in der Zeit springen und sogar das, was einmal geschehen ist, verändern, entspricht nicht der Relativitätstheorie.

Denn alles, was ich selber tue, beeinflusst auch immer meine Umgebung und ich selber werde von meiner Umgebung beeinflusst. In der Relativitätstheorie hängt alles zusammen und kann niemals getrennt voneinander ablaufen.

Ein Raum, ein Mensch

Jeder Mensch geht einmal durchs Leben, wie durch einen Raum. Jeder betritt ihn durch eine Tür und verlässt ihn durch eine andere. Jeder glaubt, es ist sein eigenes Leben, weil er sich allein in diesem Raum befindet. Und doch bewegen sich nur der Raum und die Zeit mit ihm. Jeder Mensch ist davon umgeben.

Und es sind der gleiche Raum und die gleiche Zeit. Man könnte auch sagen, jeder Mensch ist ebenso der andere Mensch, nur räumlich und zeitlich verschoben. Mit den gleichen Ängsten und

Sorgen, die auch verschoben sind und im jeweiligen Kontinuum anders erscheinen.

Die Stimmung treffen

Ich ging spazieren, alleine.
Da traf ich die Stimmung.

Ein Pinguin ist erfroren

Plötzlich löst die Pointe kein Lachen mehr aus.
Plötzlich ist das, was natürlich wirken soll, unpassend.
Plötzlich reden die anderen.
Plötzlich ist man an den Rand gedrängt, weil andere in die Mitte wollen.

Plötzlich darf man nicht mehr spontan sein,
Ganz plötzlich kam das.
Jemand hat es dir genommen, das Gefühl der Spontanität,
der Natürlichkeit, der Gemeinschaft.
Plötzlich gehörst du nicht mehr dazu.

Ein Pinguin ist erfroren, in der Eiswüste, bei sechzig Grad minus.
Dort, wo die anderen Pinguine beisammenstanden
und wechselten, von der Mitte nach außen und wieder in die Mitte.
Sie haben den Winter überstanden.
Du nicht. Weil du immer draußen warst.

Sonnenfinsternis

Die Erde versteckt sich hinter dem Mond.
Sie schämt sich vor dem Licht.
Sie hat auch Grund dazu.

Und die Menschen staunen,
erfreuen sich an diesem Schauspiel.
Aber sie schämen sich nicht.
Das tut die Erde für sie.

Das Vogelnest

Geschütztes Zuhause für die Brut.

Stacheldraht um ein Land.
Was wächst dort heran?

Halbwertszeit

Wie hoch ist die Halbwertszeit deiner unbewältigten Erfahrun-
gen, die verschlossen in dir ruhen? Wie lange dauert es, bis sie
nur noch halb so bedeutungsvoll sind, wie zu Beginn?
   Müll, radioaktiv, mit enormer Zerstörungskraft, langsam, suk-
zessive abnehmend, verschlossen. Auf solcher versteckter Ener-
gie beruht dein Leben.

Homöopathie

Wenn die Melodie verklungen, immer leiser, aber ihre Anwesenheit noch spürbar.

Die zweite Geldbörse

Einkaufen mit zwei Geldbörsen. In der einen Geld, das dem Wert der aktuellen Leistung seines Inhabers entspricht und in der anderen der Wert seiner vergangenen Tätigkeit.

Der heutige Kapitalismus gleicht immer mehr einer Gesellschaft, in der jeder für das Geld seiner ersten Geldbörse umso mehr bekommt, je praller seine zweite – nicht benutzte – gefüllt ist.

Sie sprechen mit Franz Müller

„Das dauert mir zu lange, so wie alles in diesem Saftladen. Unfähig sind Sie, Sie Trottel! Aber Sie werden mich noch kennenlernen! Möchte wissen, was in diesem Hause nicht schiefgeht. Ich pfeif auf Ihren Service und Ihre Freundlichkeit!"

So herablassend hatte er mit dem Mann am Bankschalter geschimpft, nur weil seine, dringend für die Fernreise benötigte, Scheckkarte nicht rechtzeitig fertig geworden war. Beim Weggehen blickte er noch auf das kleine Schild: „Sie sprechen mit Franz Müller."

Dann, als er gemütlich im Lehnstuhl sitzend, seine Havanna rauchend, am Swimmingpool den Klängen der Südseemusik lauschte, dann, als sein Zorn längst verraucht war, fiel es ihm wieder ein, dieses kleine Schild. Franz Müller, welch proletarischer Name. Franz Müller, der kleine Angestellte in der großen Bankmaschinerie, der nur seine Pflicht tat. Wie wird ihm wohl jetzt zumute sein, diesem Franz Müller? Welche Sorgen werden ihn drücken, ihn und seine Familie? Was wird er wohl gerade machen, in seinem Beruf, in seiner Freizeit?

Und mit einem Male wurde ihm bewusst, diesem satten, zufriedenen Geschäftsmann, dass dieses kleine Schild einen tieferen Eindruck in ihm hinterlassen hatte, als seine vordergründige Wut. Dass dieser kleine Augenblick, beim Verlassen der Bank, jener Augenblick gewesen war, in dem er seine Sinne eingeschaltet und bewusst wahrgenommen hatte. Ein flüchtiger Augenblick nur, der ihm aber diesen Franz Müller in einem ganz anderen Licht erscheinen ließ.

„Wann haben wir dir zu essen gegeben? Wann haben wir dich bekleidet, wann dich im Gefängnis besucht, wann dich aufgenommen?", fragen die Menschen Jesus.

„Bei deinem Nächsten hast du das getan", antwortet er ihnen. Bei deinem Nächsten, der kein Schild trägt: „Sie sprechen mit Jesus". Oder hättest du es vielleicht gesehen, wenn du deine Sinne eingeschaltet und bewusst wahrgenommen hättest?

Die Schachtel in der Schachtel

Die UNO City ist eine Stadt in der Stadt, eine City in der City. Eine Schachtel in einer Schachtel, eine Box in einer Box. Ein neues Gebilde innerhalb eines alten.

Eine schwangere Frau. Ein neuer Mensch innerhalb eines existierenden. Leben im Leben.

Die Schachtel wird gefüllt mit immer neuen Schachteln. Die Welt ist da, und wir füllen sie aus. Und wenn die Schachtel einmal voll ist, dann wird sie hübsch eingepackt, als Geschenk. Als Jux. Als Schachtel in einer Schachtel.

Der Versuch

Haben Sie schon einmal versucht, werte Leser, ein detailliertes Radioprogramm zu finden? Im Vorhinein, meine ich. Wenigstens so detailliert, dass pro Radiosender Anfangszeit und Inhalt einer Sendung angekündigt werden. Man findet es nicht! Es wird nicht hergestellt, weil es angeblich niemand braucht. Weil man annimmt, dass jeder Radiohörer einfach sein Gerät einschaltet und quer durch alle Wellenlängen einen Sender sucht, der gerade jene Musik spielt, die gerade seiner momentanen Stimmung entspricht.

Das Hinhören, setzt man voraus, geschieht nebenbei. Neben der Hausarbeit, der Toilette, der Mahlzeit oder Entspannung. Das Medium Radio, setzt man voraus, ist zur Nebensache geworden. Und da interessieren doch keine Details mehr. Da reagiert der Zufall, die momentane Stimmung und Laune des Hörers. Auch beim Medium Fernsehen wird dieser Berieselungsgedanke immer mehr in den Vordergrund gestellt.

Werte Leser! Ich beriesle Euch! Und dabei reize ich nur einen Eurer Sinne. Die Chance, dabei anzukommen, ist sehr gering. Was will ich denn, ich Schreiberling? Oder was will einer, der Fotos macht oder einen Film dreht? Die dramatischen Szenen darin zusammenschneiden und gerafft präsentieren?

Welche Chance hat heute einer, der nicht alle Sinne gleichzeitig reizt? Und was will er dann überhaupt noch? Ganz einfach! Er will diese anderen Sinne schonen, will, dass sie animiert werden zum Mitdenken, Mitfühlen. Will, dass seine Leser, Hörer, Seher sich nicht überrollt fühlen von der Wucht des Dargebotenen.

Dass es für sie nicht nur zwei Möglichkeiten gibt, entweder sich unbeteiligt berieseln lassen, oder den Aus-Knopf zu drücken. Er will, dass sie nach Details fragen.

Ich frage nach einem detaillierten Radioprogramm. Aber anscheinend wollen moderne Medien das nicht. Vielleicht würde der Leser eines detaillierten Programms schon im Vorhinein erkennen, dass der einstige, lebensspendende mediale Regen zu einem oberflächlichen, alles durchweichenden Dauerregen geworden ist.

Und dann kommt da so einer daher wie ich, mit seiner Gießkanne, und ist auch noch so anmaßend zu behaupten, dass darin lebensspendendes Wasser sei. Und doch bleibt es nur ein Versuch. Der Versuch unter einem Regenschirm, der den medialen Dauerregen abhält, das kleine Stückchen nicht verwässerter Erde darunter zu gießen.

Der Knopf (digitale Bedienungsanleitung)

Ihn zu drücken bedeutet nicht gleich ihn zu drücken. Denn zunächst passiert gar nichts. Digital nennt sich das. Dabei signalisiert einmal zu drücken dem Gerät nur, dass man etwas von ihm will, sonst nichts. Das Gerät reagiert erst dann, wenn es dazu bereit ist.

Auf keinen Fall aber darf man denselben Knopf ein zweites Mal drücken, denn dies bedeutet für das Gerät, dass man den ersten Druck rückgängig machen möchte. Im Extremfall schaltet man es dadurch sogar ab. Man darf allerdings auch nicht lange drücken, sonst interpretiert das Gerät einen raschen Vorlauf oder eine Wiederholung.

Immer muss man also die Reaktion des Gerätes berücksichtigen, muss seinen Fingerdruck dessen Reaktion anpassen, um das zu erhalten, was bei einer mechanischen Maschine automatisch durch den Fingerdruck geschieht.

Wirklich schwierig jedoch wird die Bedienung eines digitalen und analogen Gerätes gleichzeitig. Was bei dem einen sozusagen mit einer ruckartigen Bewegung ausgelöst wird, bewirkt beim anderen ein entschlossener, nicht zu fester, jedoch nicht zu leichter, nicht zu langer, aber auch nicht zu kurzer Druck.

Kurzum: Drücken ist anders geworden im digitalen Zeitalter.

Ich Arsch (anatomisch nicht ganz richtig)

Was denkt wohl jener Körperteil, ohne dessen Mitwirkung die Giftstoffe im Körper desjenigen verblieben, die dessen anderer, weitaus überheblicherer Körperteil, nämlich der Mund, so achtlos in sich hineingefressen hat?

Warum gerade ich! Warum werde ich immer als das Letzte bezeichnet, wo ich doch, im wahrsten Sinn des Wortes, die Drecksarbeit machen muss? Warum muss ich stets züchtig bedeckt sein, während die anderen Körperteile stolz zur Schau getragen werden? Hat man etwa Scheu, die Spuren meiner wichtigen Tätigkeit zu zeigen?

Ja, natürlich, unschicklich wäre das. Und was sich nicht schickt, über das kann man auch ruhig spotten! Dann aber, wenn ich aus Protest meine Arbeit einstelle, dann fressen sie jede Menge Abführmittel, nur um mich wieder in Gang zu setzen. Dann, wenn ich schmerze, weil ihre verführerischen, hauchzarten Dessous, meine empfindsame Haut nicht vor der Kälte zu schützen vermögen, dann hüllen sie mich schön warm ein, nur damit ich wieder Ruhe gebe. Dann sagen sie: „Ach Scheiße, auch das noch!" Und dabei bin ich doch immer für sie da.

Zeitalter

Dem Menschen ist es vorbehalten, die Dinge seines Daseins nach seinem Gutdünken zu benennen. Vieles ist so benannt und definiert oder unbenannt und unbeachtet geblieben.

Auch seine eigene Geschichte hat der Mensch eingeteilt und mit Namen versehen. Namen, die ihm jene Dinge vorgaben, die er aus der Vergangenheit fand. Meist durch Ausgrabungen, weil irgendein Forscher sie dort vermutete oder man zufällig darauf gestoßen war.

Man grub in der Erde und fand geformte Dinge aus Stein. Sie nannten es Steinzeit. Man grub in der Erde und fand Dinge aus Eisen. Sie nannten es Eisenzeit. Auch Kupfer- und Bronzezeit haben so ihre Namen bekommen.

Man grub im Müll, in den vielen unverrottbaren Dingen, in chemischen Abfällen, giftigen, hoch strahlenden oder weniger strahlenden Stoffen, wühlte sich durch Tonnen von Rost und Schutt, und man fand ein Stück Humus, ein Stück unversehrte, natürliche Erde.

Und sie nannten es Erdzeit.

Einfache Technik

Der Titel für Orson Welles Zukunftsroman über das Jahr 1984, geschrieben 1948, entstand durch Vertauschen der letzten beiden Ziffern der Jahreszahl. Eine höchst einfache Technik also.

Ich beschloss mit derselben Technik, meinen Zukunftsroman zu schreiben. Ich beschloss es 1999. Es blieb ein Versuch.

Aus der Werbung

Landliebe ist … nach dem Verzehr den leeren Landliebe-Becher nicht im Gelände liegen zu lassen.

Ungeschriebene Gesetze

Ändere ich mich, ist die Welt in Ordnung. Denn alle anderen sind dies schon.

Ließe ich mein Konto sperren, müsste die halbe Welt verhungern, denn so viele Menschen – scheint es mir – muss ich damit versorgen.

Sage ich vollkommen erschöpft: „Ich kann nicht mehr", erhalte ich zur Antwort: „Nur noch dieses eine Mal, dann lassen wir dich in Ruhe."

Verspäte ich mich, sagt man: „Erst jetzt kommst du daher." Bin ich zu früh dran: „Warum bist du schon da?"

Zu mir aufblicken ist gesellschaftlich tabu. Auf mich herabzublicken erhöht das Selbstbewusstsein derer, die das tun.

Mein Handeln muss ich rechtfertigen, während das Verhalten der anderen unter persönliche Freiheit fällt.

Als Verkehrsteilnehmer habe ich immer Nachrang, außer ich nehme nicht teil.

Wege, die man mit mir gemeinsam zurücklegt, erscheinen länger als solche, wo ich nicht dabei bin.

Beim Büfett gelte ich als Kostverächter, außer ich lange dezent zu, dann bin ich ein Fresser und Säufer.

Verhalte ich mich still, fordert man mich auf: „Sag, was du denkst." Und wenn ich es sage, antwortet man mir: „Das hättest du jetzt nicht sagen dürfen."

Bin ich hilfsbereit, unterstellt man mir, dahinter stecke Absicht. Halte ich mich zurück, bin ich nicht hilfsbereit.

Erscheine ich, komme ich ungelegen. Erscheine ich nicht, fällt jedem auf, dass ich nicht da bin.

Kommt Zeit, kommt Rat. Bei mir auch. Aber zu spät.

Andere sind Helden, wenn sie als Erste dran sind. Ich bin voreilig.

„Man kann ja darüber reden", heißt es von den Fehlern der anderen. Und damit ist die Sache erledigt. Über meine redet man jahrelang.

Zwei Tage Bart gelten bei Männern als sexy, bei mir als ungepflegt.

Teile ich mich mit, heißt es: „Mit sowas brauchst du uns nicht zu belästigen." Schweige ich und erfährt man mein Denken andersrum, kommt der laute Protest: „Und so eine Wichtigkeit enthältst du uns vor." Mit anderen Worten: Ob etwas unwichtig oder wichtig ist, hängt davon ab, ob ich rede oder schweige.

Ständig heißt es, ich solle Stimmung machen. Aber egal, welche ich mache, sie passt nie.

Die Energie, die andere zur Selbstdarstellung verwenden, verbrauche ich zur Entkräftung ihrer Vorurteile.

Lächelt eine Frau mir zu, steht immer jemand hinter mir, dem dieses Lächeln gilt.

Unser Bernie

„Unser Bernie hat gedopt" wirft man dem naiven Volk hin, und dieses heuchelt Betroffenheit, so wie es vorher Naivität geheuchelt hat. Erzogen von medialer Obrigkeit, gehorsam in seinen Emotionen: Das Volk.

Er wäre nicht unser Bernie, hätte er nicht gedopt. Hätte er sich nicht ebenso den unerbittlichen Gesetzen des Erfolgsdrucks verschrieben, so wie wir, das Volk, uns jenem der gehorsamen Unterwerfung.

Hätte er nicht gedopt, wäre er nur der Bernie, ohne das „unser", ohne dieses vereinnahmende Possessivpronomen mit dem wir alles als „unser" bezeichnen, was uns vorher die Medien als identifikationswürdig verkauft haben, damit wir brave Unterstützer ihrer Scheinwelt werden.

Vorgestellt werden

Vorgestellt werden. Ein Brauch. Jemand, der dich schon kennt, stellt dich einem anderen, der dich noch nicht kennt, vor. Hat man aber keine Bekannten, fällt diese Zwischenperson weg. Man muss sich sozusagen selber vorstellen.

Diesen Schritt, quasi einen Doppelschritt muss man selber machen. Und man muss sich dann auch doppelt überwinden. Wie eine selbst gestellte Frage beantworten, und dabei so tun, als wäre sie von jemand anderen gestellt worden.

Im Geiste überspringe ich manchmal diese Frage, diesen Schritt des Vorgestelltwerdens und tue so, als ob wir schon bekannt wären, vertrauten Umgang miteinander hätten. Das nenne ich dann eine besondere Begrüßung.

Miteinander reden

Oh, welche Freude hast du mir damit gemacht, dass du mich angesprochen. Nicht oberflächlicher Small-Talk, nicht Nichtsagendes.

Ein paar nette, fast kecke Bemerkungen sind es gewesen, und gelächelt hast du dabei. Mir auch nicht das Gefühl gegeben, ich meinerseits wäre verpflichtet, das Gespräch fortzusetzen.

Ganz natürlich ist es gewesen. Danke.

An wenigen Ecken

An jeder Ecke Bankfilialen. Das ist nun vorbei.
    An jeder Ecke: Wettbüros, exotische Gemüsehändler, Beratungsbüros, Gaststätten
    und neuerdings Telefonläden.

An jeder Ecke das, was gerade modern ist.
    An jeder Ecke der Versuch, alles gleich und alles nachzumachen.

An wenigen Ecken: Unterschiede, Neuheiten, Versuchen von Andersartigkeit.
    Und diese wenigen Ecken beleben, erneuern und erhalten unsere Gesellschaft in ihrer Vielfalt, wirken wie Gewürze, Garnierungen, Verfeinerungen unserer sonst faden Speisen.

Der Wiener

Er geht immer dorthin, wo alle anderen hingehen, wie ein Herdentier. Er tut dies nicht früher oder nicht später, sondern immer dann, wenn es alle anderen auch tun. Damit er diese Häufung auch einhält, wartet er oder beeilt sich, nur um dann raunzen zu können: „So viele Leute!"

Er vergöttert das, was alle anderen auch vergöttern, unabhängig davon, was er tatsächlich empfindet. Im Zweifelsfall tut er halt nur so. Hinterher aber schimpft er.
Er verspottet das, was alle anderen verspotten, selbst wenn er es nicht versteht, dann tut er eben nur so, als ob er es verstünde.

Jeder Wiener behauptet von sich, er sei ein unabhängiger, mit eigenem Willen und eigener Meinung ausgestatteter Mensch, und ist doch nur wie jeder andere auch.

Die Rosenstängel-zwischen-den-Zähnen-Halterin

– Vorher hat sie natürlich die Dornen entfernt, sorgfältig! –
Dann leicht zubeißen und festhalten und damit signalisieren, dass sie bereit ist zuzubeißen und festzuhalten.

Das Rot der Rose bildet einen Kontrast zur Blässe ihres Gesichtes, das Grün des Stängels zum blendenden Weiß ihrer Zähne. Auch grüne Blätter hat sie, die Rose. Ausdruck für Natürlichkeit, Liebe zur Natur.

Zubeißen und Festhalten, besitzen wollen, Jagdinstinkt, Eroberung. Stärke signalisieren, indem man unschuldige Natur zur Trophäe seines Besitzdenkens macht: „Du bist mir unterlegen. Zwischen meinen Zähnen."

Der Ursprung des Schoßhundes

Einst gingen der liebe Gott und Adam im Paradies spazieren – ja, das waren noch Zeiten, als die beiden so friedlich vereint waren –. Und Gott zeigte dem Adam, nicht ohne gewissen Stolz, alles, was er geschaffen, und Adam staunte, war sichtlich bewegt und überwältigt von der Schönheit, die sich ihm darbot. Am meisten jedoch freute ihn, dass dieser große Schöpfer sein Freund war.

Als sie nun ihren ausgedehnten Rundgang durch den Garten Eden beendet hatten, fragte Gott den Adam, nicht ohne dessen traurigen Blick zu bemerken: „Was hast du, Adam? Vermisst du etwas? War dir das Paradies mit all seiner Pracht, seiner Fauna und Flora etwa nicht gut genug?"

„Oh ja, das schon", antwortete Adam, „Aber etwas fehlt mir."
„Was denn?", fragte der Herr mit einem Anflug von Lächeln auf seinen Lippen, „sprich's aus, ich höre!"
„Na ja, ich vermisse …", begann Adam zögernd.
„Na, was denn?", drängte Gott weiter.
Und zögerlich redete Adam: „Ich möchte …, ich will…, ich möchte … einen Hund."
„Einen Hund?", gab sich der Herr erstaunt. „Ja, einen Hund", wiederholte Adam.

„Gut, er soll seinen Willen haben, der liebe Adam", bekräftigte nun Gott sein Versprechen und versetzte Adam in einen Tiefschlaf. Dann entnahm er ihm die für andere Zwecke vorgesehene Rippe und machte daraus einen prächtigen Hund. (Einfach Hund, denn Rasse oder eine andere Art der Spezifizierung gab es damals noch nicht.)

Etwas Warmes weckte Adam, die Zunge seines nunmehr treuen Freundes. „Das also ist mein Kamerad fürs Leben", sagte er sich und beschloss einen Rundgang mit ihm zu machen. Doch halt! Wie sollte er das Tier rufen, wenn es sich etwa zu weit von ihm entfernte? Er brauchte einen Namen, der Hund. „Eva", komisch, dass ihm gerade jetzt dieser Name einfiel. Aber er passte nicht, und außerdem war der Hund gar kein Weibchen. Also so konnte er ihn nicht nennen! Und da ihm nichts Besseres einfiel, nannte er ihn einfach „Freund des Menschen".

So gingen sie nun durchs Paradies, Adam und der Freund des Menschen, beide glücklich wirkend. Und Gott sah's und sprach: „So gut ist es gar nicht! Da habe ich nun einen Menschen nach meinem Ebenbild geschaffen, und schon seine erste freie Entscheidung entspricht nicht meinem Willen." Und er dachte weiter: „Aber was soll's, ich sehe mir die Sache ein Weilchen an."

Die Tage vergingen, sorglos, gleichsam im Spiel lernte der Hund, seinem Herrn zu gehorchen, und sein Herr lernte zu kommandieren. Manchmal gingen sie gemeinsam auf die Jagd. Nur zum Spaß versteht sich, denn damals gab es Nahrung genug. Auch für den Hund. Dann hetzte der Freund des Menschen, angefeuert durch ein scharfes „Fass!" seines Herrn, irgendeinem verdutzten Tier, das gar nicht wusste, wie ihm geschah, hinterher, und Adam folgte in weitem Abstand. Bis er dann endlich, außer Atem, noch ein letztes „aus" seinem Hund zurufen konnte. Dieser drehte sich dann schwanzwedelnd um und wartete mit aufgestellten Lauschern auf das erneute Kommando seines Herrn.

Solcherart verbrachten sie gemeinsam ihre Zeit in einer Art Auslauf für Mensch und Tier. Ganz anders als die übrigen Lebewesen des Paradieses, deren Dasein eher ruhig, beschaulich und im Einklang mit der Natur verlief.

Aber eines Tages wurde diese traute Gemeinschaft jäh gestört. Der Freund des Menschen erblickte eine Wölfin und drehte sich trotz mehrmaligem „aus" seines Herrn nur widerwillig um. Dabei hatte er die Wölfin gar nicht gejagt, sondern war nur ihrer Spur gefolgt. Damals erblickte Adam in den Augen des Tieres zum ersten Mal jene Art von Sehnsucht, die er auch in den seinen erblickt hätte, hätte es damals schon einen Spiegel gegeben.

In der darauffolgenden Nacht, lag er zum ersten Mal längere Zeit wach, und spürte trotz der Wärme des, neben ihm liegenden, Hundes eine eigenartige Kälte, Sehnsucht und Verlangen. Er lauschte dem Zirpen der Grillen, den Stimmen der nächtlichen Natur, und fühlte sich mit einem Male allein.

„Was fehlt dir?", glaubte er die Stimme Gottes zu hören, doch es war nur der Ruf eines Käutzchens. „Jetzt ihn noch einmal bitten, ob er bereit wäre, etwas zu tun, eine Gefährtin zu erschaffen", dachte er. Aber sogleich kam er sich dabei egoistisch und aufbegehrend vor. Hatte er doch als Antwort auf die gleiche Frage seinen Hund bekommen, den er zwar über alles liebte, der ihm aber eine Frau nicht ersetzte.

Und Gott, der ja Adams Gedanken kannte, dachte: „Soll ich ihm jetzt eine Eva erschaffen? Jetzt, wo er doch keine Rippe mehr in sich trägt, die ich dafür verwenden könnte? Da müsste ich schon eine von ihm selber nehmen, und das würde ihm weh tun, dem lieben Adam. Außerdem, wer weiß, ob er sie nicht auch so behandelt wie seinen Hund? Hat er doch das Kommandieren und Dressieren lange genug geübt."

So also ließ es Gott vorläufig bleiben, und Adam traute sich nicht, ihn erneut um einen Gefallen zu bitten. Zum ersten Mal war da so etwas wie Trennung. Rein gedanklich zwar, nur gefühlsmäßig, aber trotzdem gegenwärtig. Da war einmal der Hund, der beim Anblick der Wölfin, seinem Instinkt folgend, die Freiheit und Wildheit gesucht, und dabei die Nähe seines Herrn nur als störend empfunden hatte. Und da war Adam, der sich nach seinesgleichen sehnte. Und schließlich Gott, der Adam so gerne helfen wollte, ohne aber dabei dessen freien Willen außer Acht zu lassen.

Alle litten unter der vorschnellen Entscheidung Adams. Dabei hatte er es doch nur gut gemeint. Aber so ergeht es vielen Menschen. Sie treffen vorschnell Entscheidungen, und doch handelt es sich dabei oft nur um Ersatzhandlungen, die nicht ihren wirklichen Wünschen entsprechen. Sie meinen die Abläufe in der Natur selbst bestimmen zu können, und sind doch letztendlich darüber unglücklich, weil sie sich nie damit auseinandersetzen, was eigentlich ihre Berufung ist. Und sie meinen fordernd und anmaßend zu sein, wenn sie andere um etwas bitten. Sie fürchten, als unzufrieden und als Egoisten eingestuft zu werden. Sie meinen immer nur dankbar sein zu müssen, für alles, was sie besitzen. Ja schon, das sollen sie ja auch. Aber will denn Gott, dass die Menschen unglücklich sind?

Das dachte sich auch Adam, in jener Nacht, und er beschloss Gott zu bitten, ihn und seinen Hund auf ihrem gemeinsamen Spaziergang zu begleiten. So gingen sie nun alle drei gemeinsam durchs Paradies. Gott und der von ihm geschaffene Mensch, Adam, und der, wiederum durch Adams Wille erschaffene, Hund. Ein seltenes Bild der Einigkeit. Das heißt, so einig waren sie sich gar nicht. Das Ganze glich eher einem Schweigemarsch. Bis sich dann Adam endlich überwand und Gott fragte: „Wolltest du eigentlich, dass ich einen Hund habe?"

„Was ich will", antwortete Gott, „Ist nur ein Teil vom großen Ganzen. Wichtig ist auch das, was du willst!"

„Zählt denn mein Wille so viel?", gab sich Adam erstaunt.

„Ja", erwiderte Gott, „und was glaubst du will der Hund?"

„Jetzt versteh ich", rief Adam befreit aus, „Ich darf zwar alles haben, aber sollte dabei berücksichtigen, dass andere auch ihren eigenen Willen haben, ebenfalls etwas empfinden, fühlen und ein Recht haben. Das Recht, ihr eigenes Leben zu gestalten." Rücksicht heißt das, und Verantwortung!

Durch diese Erkenntnis bestärkt, fragte Adam weiter, und dabei schwang sogar ein leichter Vorwurf mit: „Warum aber hast du mir dann deinen Willen nicht gesagt, mein Gott?"

„Lieber Adam", antwortete Gott weise und bedächtig, „Wenn du etwas aussprichst, dabei aber etwas anderes empfindest, dann ist das nicht mein Wille. Ich habe dich doch nicht erschaffen, damit du andauernd wie ein blöder Hammel nach meinem Willen fragst. Du weißt doch selbst, was du wirklich möchtest, was du brauchst, was dir fehlt, was richtig für dich ist. Mein Wille für dich ist doch in deinem Willen enthalten. Warum sprichst du nicht aus, dass du dich nach einer Eva sehnst? Willst du mir stattdessen mit deinem Hund imponieren, wie folgsam und brav er deine Befehle befolgt? Hast du vielleicht Angst, dass dir dies bei deiner Eva nicht gelingt?"

Irgendwie wurde nun Adam deprimiert, wurde kleinlaut und fragte leise weiter, oder vielmehr war es eine laut gedachte Frage: „Muss ich denn nun jedes Mal, bevor ich dich um deinen Willen frage, zuerst in mir selbst danach suchen, ob er sich nicht irgendwo tief in mir versteckt? Und muss ich jetzt jedes Mal, wenn ich dich frage, Angst haben, eine Zurechtweisung zu bekommen?"

„Machst du mir schon wieder Vorwürfe?", erwiderte Gott. „Glaubst du denn, dass ich vielleicht nicht erkenne, ob du dich mir in ehrlicher Absicht näherst, oder ob es nur Ausgeburt deines übersteigerten Wunschdenkens ist? Zeigt denn nicht vielmehr die Tatsache, dass ich auch manchmal deine egoistischen Wünsche erfülle, wie hoch ich dich und deinen Willen einschätze? Du musst aber lernen, dass du dich mit deinen falschen Wünschen unglücklich machst. So unglücklich, wie jetzt deinen Hund."

Die Diskussion ging in ähnlicher Tonart noch lange weiter, und sie wirkte sehr aufschlussreich für Adam, der erkennen musste, dass sein freier Wille ein großes Vorrecht in der Natur darstellt. So groß, dass er ihn nicht alleine zu fassen und zu kontrollieren vermag, sondern dass dessen vernünftiger Gebrauch nur in einer wechselseitigen Beziehung innerhalb einer Gemeinschaft möglich ist.

Ja, schön war es schon, dieses Gespräch. Richtig befreiend. Aber war's das nun? Genügte es, nur darüber zu sprechen, die

Zusammenhänge gedanklich zu erfassen, zu verstehen, zu ordnen? Musste nicht nun auf das Wort die Tat folgen?

So ließ nun Adam dem Hund mehr Freiheit. Der war dann aber kein Schoßhund mehr, sondern gewöhnte sich so nach und nach an sein neues Leben. Er war nun nicht mehr jener Freund des Menschen, den sich Adam in seiner Fantasie vorgestellt hatte.

Auch im Leben des Adam veränderte sich einiges. Er musste im Hinblick auf seine Eva auf vieles verzichten, nicht nur auf seine Rippe. Er musste sich neu orientieren, musste verstehen und zuhören lernen, versuchen Kompromisse zu schließen, zu lieben und auf Liebe zu reagieren.

Manchmal juckte es ihn schon, den altgewohnten Befehlston anzuschlagen, ganz einfach nur zu kommandieren und die Frau hätte zu gehorchen. Aber das war nun vorbei. Er hatte seinesgleichen vor sich. Ein Lebewesen mit freiem Willen. War er nun etwa schon wieder unzufrieden? Nein, das nicht, nur etwas verwirrt, weil das Leben nicht allein nach seinen Wünschen und Vorstellungen ablief.

Manchmal aber, wenn die Gemeinschaft am Egoismus des Einzelnen zu zerbrechen drohte, besonders nachdem sie gemeinsam den verbotenen Apfel vom Baum der Erkenntnis gegessen hatten, und jetzt jeder von ihnen den Herrn über Gut und Böse spielen wollte, dachte er zurück an diesen wunderbaren Spaziergang mit seinem Schöpfer und an das wohltuende Gespräch mit ihm. Dann wusste er wieder, was echte Gemeinschaft bedeutet, und wie schwer es ist, sie zu halten.

Die Briefbombe

Behutsam nahm ich ihn zur Hand, den Brief, deinen Brief. Ein Blick hatte mir genügt. Ein Blick auf den Absender, und ich wusste um dessen brisanten Inhalt, um die Gefährlichkeit dieses Briefes. Behutsam legte ihn auf den Tisch, inmitten eines Stapels ungeordneten Papiers. Ich brauchte Zeit, nach der Berührung dieses gefährlichen Gutes, Zeit, ihn zu öffnen.

Ich versuchte mich abzulenken. In der Küche, im Badezimmer, mit Lesestoff, der daneben lag. Aber er blieb präsent, dieser Brief. Er löste sich nicht auf, öffnete sich nicht von alleine. Er wartete auf mich. Wartete auf meine Hände, meine Augen, meine Gedanken. Er ließ mich nicht los.

Ich wollte ihn noch nicht öffnen, wollte die Spannung noch hinauszögern. Wehrte mich gegen seinen Inhalt. Ich wollte noch hoffen, noch träumen, noch nicht mit der Realität konfrontiert werden. Der Brief wartete geduldig. Doch sein Inhalt wollte sich mit meinen Gedanken und Emotionen verbinden, wollte eins sein mit mir, so wie die Absicht seines Absenders.

Dann, als ich genug Kraft gesammelt hatte. Kraft, um seinen Inhalt zu verkraften, dann öffnete ich ihn, den Brief. Deine Handschrift, ein wenig zittrig, auf einem schönen, viel zu teuren Papier, schlug nicht ein wie eine Bombe. Es war gar nichts, zunächst einmal. Sein Inhalt sickerte nur langsam in mich ein, und brauchte auch lange, bis er seine Wirkung entfaltete.

Seid Pessimisten

Klopft an, und es wird euch nicht aufgetan.
Sucht, und ihr werdet nicht finden.
Freut euch, und niemand wird sich mit euch freuen.
Seid guten Mutes, und man wird euch auslachen.

Hofft und glaubt, und nichts wird sich ändern.
Geht aufeinander zu, und ihr werdet aneinander abprallen.
Springt und hüpft und ihr werdet stolpern.
Singt, und es wir ein Krächzen sein.

Seid Pessimisten.
Oder …?

Der Schatz

Schätze, die darauf waren, entdeckt zu werden. Auf den ersten
Blick sinnlos und unscheinbar. Dann, beim näheren Hinsehen,
Hinhören, beim Lebendigwerden, dann zeigen sie sich als Schät-
ze. Dann werden sie zu dem, was sie sind.

Ein Schatz bleibt unscheinbar ohne jemanden, der ihn als Schatz
erkennt. Man sagt, der Schatz soll sich selber bemerkbar machen.
Er soll schreien, glitzern, blenden. Er soll mehr sein, als seine
Umgebung. Und seine Umgebung wartet darauf, dass er sich so
verhält. Und dabei ist er doch immer da.

Seine Umgebung wartet darauf, dass er sich bemerkbar macht,
und er, der Schatz, darauf, dass er entdeckt wird.

Small und Large

Small Talk: Übers Wetter.
Large Talk: Über den Klimawandel.

Umweltschutz

Die Verantwortung ist grün. Ein Signal. Wir haben es gesehen und fahren daran vorbei.

Der Lehrer

Jeder sollte das, was man ihm beizubringen versucht, aufnehmen, aber gleichzeitig hinterfragen. Gleich, wie er an seinen Lehrer glauben und an ihm zweifeln sollte.

Finanzwelt

Nie werde ich begreifen, dass Reiche zwar nett und hilfsbereit sein können, ihr Kapital jedoch zerstörerisch und tötend, und warum nicht ihre Hilfsbereitschaft die Zukunft unserer Gesellschaft sein sollte, anstelle ihres Kapitals?

Oder anders gesagt, warum ersetzt man die Menschlichkeit der Reichen durch die Unmenschlichkeit ihres Kapitals?

Vorurteil (Konstante vor Klammer)

Analog dem Herausheben – vor einer Klammer – in einer mathematischen Formel funktioniert das Vorurteil. Hervorgehoben wird es und mit allem, was innerhalb der Klammer folgt, multipliziert.

Es kommt daher wie ein Misstrauensvorschuss oder Vertrauensvorschuss, je nachdem. Und der damit versehene Mensch wird erst einmal vordergründig so dargestellt. So, als ob das Vorurteil das Herausragendste an ihm wäre, und womit man alles in Beziehung setzt, was nachher an seinen echten Werten innerhalb seiner Klammer kommt.

Theorie und Praxis

Theorie ist so wie das Schild am Eingang: „Herzlich willkommen". Und drinnen wird man beschimpft, beschuldigt und beleidigt. Das ist dann die Praxis.

Ein Monolog

Das ist ein Dialog mit sich selbst. So wie ein Dialog oft nur ein Monolog in Anwesenheit eines anderen ist.

Liebe ist …

Das, was der Eine ernst meint, aber erkennen muss, dass es der Andere nicht glauben will. Und Liebe ist das, was der Andere glauben möchte, aber nicht weiß, ob es der Eine ernst meint.

Die Welt

Ob eine große Welt zusammenbricht, oder eine kleine, für den Betroffenen ist es jedes Mal seine Welt.

Welch Sinnlosigkeit, hält man dessen kleine zerbrochene Welt einer größeren, ebenfalls zerbrochenen entgegen, sie bleibt doch nur theoretisch für den, dessen praktische zerbrochen ist.

Die Welt bleibt stehen

Manchmal bleibt die Welt, die sonst mit uns mitgeht, stehen, und wir merken das erst später, wenn wir ihr Nichtdasein spüren. Dann schimpfen wir, warum sie so langsam geht und nicht rennt wie wir.

Die Wahrheit

Einer alten Geschichte zufolge hatte ein zum Tode Verurteilter noch eine Chance. Er musste aus zwei verdeckten Schriftröllchen, wovon eines mit „Tod" und eines mit „Leben" beschriftet war, auswählen. Und das darauf Geschriebene sollte mit ihm geschehen.

Sein übel gesinnter Richter beschrieb jedoch heimlich beide Röllchen mit „Tod". Der Verurteilte erfuhr davon. Wie konnte er nun sein Leben retten?

Ganz einfach! Als man ihm die beiden Röllchen vorlegte, ergriff er eines davon und verschluckte es kurzerhand. Die empörte Menge verlangte natürlich zu erfahren, was auf dem Röllchen gestanden habe. Es konnte aber nur „Leben" gewesen sein, denn auf dem verbliebenen Röllchen stand ja „Tod".

So ähnlich verhält es sich mit der Wahrheit. Wird sie nicht verschluckt, so ist sie meist gelogen. Wird sie aber verschluckt, dann sagt man ihr eine andere Bedeutung nach.

Der Ring, die Ringe

Man könnte darüber philosophieren, wohin ein Mann bei einer Frau zuerst blickt. Doch dies ist nicht Gegenstand der folgenden Betrachtung. Darin geht es nämlich um den – sagen wir einmal – zweiten Blick auf die Hände. Ring oder nicht? Was aber, wenn da gleich acht sind? (Die Daumen nicht mit gerechnet. Sie zu beringen wäre wirklich zu plump.)

Hat sie nun gar acht Freunde, oder sogar mehr, denn ihre Zehen sehe ich ja nicht? Oder ist der eine so gut, die Beziehung so intensiv, dass dies ein Ring alleine nicht auszudrücken vermag? Oder sind es nur Andenken, an „harmlose" Menschen, oder gar nur Eitelkeit, die sich dahinter verbirgt?

Ja, schön ist sie schon, die Frau, aber die vielen Ringe? Sinnbild für einen Teil ihres Lebens, symbolhaft, ein Hauch von Besitztum, Romantik, Erinnerung. Gut, das steht ihr ja zu! Aber sind diese Ringe alles? Bilden sie sozusagen die vergoldete, versilberte, oder „verkunststoffte" Manifestation ihres Lebens, und ist da kein Platz mehr für etwas Neues? Auf ihren Fingern jedenfalls nicht.

Ein hübsches Gesicht mit dazu passenden Händen, und mit einem Schmuck, der auch zu ihr passt. Sie trägt ihn wie ein Kleidungsstück. Sie möchte strahlen, auffallen, sich irgendwie abheben von der übrigen Masse. Weg von der Einfachheit. Zur Geltung kommen.

Eine andere wiederum kleidet sich in Schlichtheit. Ihr Ring ist nicht so schreiend, nicht so auffällig. Er sticht nicht ins Auge. Aber deren Hände sind genauso hübsch.

Möchte er ihre Ringe sehen, der Mann, oder ihre Hände, ihrer inneren Stimme lauschen, oder oberflächlich daherreden. Ihre Kleider sehen, oder ihren Körper. Mit ihr in Erinnerungen schwelgen, oder mit ihr leben? Und irgendwie gehört das alles zusammen. Und es stört gar nicht. Sei es so, oder so.

Übertönen

Das Baby schreit nach seiner Mutter, kompromisslos, rücksichtslos, unkompliziert. Ich soll es übertönen!

Auf dem Marktplatz drängen sich die Leute, schreien, rufen, verlangen, was sie wollen. Ich soll sie übertönen!

In der Musik ist der Überton eine zusätzliche Stimme. Etwas, was man nicht unbedingt braucht. Die Melodie kommt auch so zur Geltung. Das Leben kommt auch ohne mich zurecht. Ich lasse es an mir vorüberziehen. Und doch würde ich gerne mitsingen.

Es scheint, als ob nur die leben, die auf sich aufmerksam machen. Es scheint, als ob das Leben schreien, quengeln, sich vordrängen müsste, damit es erst als solches anerkannt wird.

Manchmal aber scheint es, als ob die Stille das Leben übertönt.

Man sagt, ohne Lautsein hört man es nicht, das Leben. Und doch wird es dadurch nur einseitig.

Das Gesicht

Michelle, eine Blondine, aber nicht eine, die man als oberfläch-
lich und dumm einstufen könnte. Sie hat ein kantiges Gesicht,
und sie lächelt, mit Mund und Augen. Dieses Lächeln signali-
siert Verständnis, Entgegenkommen, aber auch Distanz. Sie weiß
sich zu präsentieren, wirkt locker, und doch auf sich aufmerk-
sam machend.

Sie wissen es abzubilden, die Fotografen, dieses Gesicht. Und
dieses Gesicht weiß zu lächeln. Und sie wissen es zu verkaufen,
dieses Gesicht, die Zeitungs- und Zeitschriftenhersteller. Lächelt
sie für den Verkauf, für den Fotografen, oder für dich?

Die Kunst, jedem das Gefühl zu geben, es wäre nur für ihn, ist
es, das sie so natürlich wirken lässt. Natürlichkeit aber ist keine
Kunst. Obwohl viele es nicht können.

Gesprächspausen

Während ihres Gespräches mit Freunden oder Bekannten, in
der U-Bahn, im Café oder sonst wo, schauen sie zu mir herüber.
Mich blicken sie dabei an, nicht ihre Gesprächspartner.

Da blicken sie zu mir herüber, als ob sie mich zu ihrer weiteren
Inspiration bräuchten, für kurze Zeit nur, zum Durchatmen, um
neuerlichen Fluss in ihre Gedanken zu bekommen. Dafür brau-
chen sie mich. Dafür sitze ich da. Welche Inspiration gebe ich ih-
nen, diesen Redenden? Welchen Verlauf nimmt nun ihr Gespräch,
jetzt, wo ich dasitze, in ihrem Blickwinkel, als ihr Blickfang?

Jetzt beeinflusse ich den weiteren Fortgang ihres Gespräches,
lenke ihre Gedanken. Und nur durch das, was dieser Redende,
jetzt zu mir herüberblickend, gerade in mir erblickt. Was er in

mich projiziert, was er in mir zu erkennen glaubt. Und dadurch, dass er sich ganz auf seine Gesprächspartner konzentriert, sieht er mich aus entfernter Perspektive. Sieht er mich vollkommen emotionslos, ganz ohne direkten menschlichen Bezug.

Ich bin für ihn bloß ein Pausenfüller. Das eigentliche Leben aber spielt sich dort ab, wo gesprochen wird. Dort, wo man beeinflusst, weil man meint, dass nur reden beeinflussen bedeutet. Weil man meint, dass derjenige, der nur still dasitzt, keinerlei Einfluss nimmt. Und weil man ja nicht mit allen reden kann. Eben nur mit seinen Freunden und Bekannten.

Die braucht man. Und das nicht nur zum Reden. Aber man braucht auch Pausen. Pausen, in denen man wo anders hinschaut. Man kann schließlich nicht immer reden. Man kann nicht immer nur das Leben selbst bestimmen wollen.

Und ich bin solch eine Gesprächspause. Ich lasse die anderen reden und schaue nur zu. Ich bin erstaunt, wie viel sie zu reden haben. Wie scheinbar übervoll von Gesprächsstoff sie sind und mit wie wenigen Gesprächspausen sie auskommen.

Ich habe versucht in ihrem Blick, der mich in diesen seltenen Augenblicken trifft, etwas Hilfesuchendes zu entdecken. Vergeblich. Es ist ein leerer Blick. Und mag zwar ich, durch meinen Blick Empfindungen in ihnen auszulösen, sie tun dasselbe bei mir nicht. Denn ihr Reden gilt nicht mir. Sie widmen mir nur ihre Gesprächspause.

Mit anderen Augen

Andere Augen. Das sind Augen, die, meist gezwungen, selten freiwillig, eine Perspektive einnehmen, die sie im Allgemeinen – wäre das Leben nach ihrer Vorstellung gelaufen – nicht einnehmen würden. Und mit diesen, anderen, Augen lernen sie lachen und weinen. In einer anderen Art, als sie es sonst täten.

Manche Menschen spielen Emotionen. Ihr Lachen, ihr Weinen, ihre Anteilnahme am Schicksal anderer, ihre Überlegenheit, alles ist nur gespielt. Andere Augen aber spielen nicht! Ihre Emotionen sind echt!

Die Übrigen spielen nur. Sie spielen sich selbst, so wie sie es gelernt haben. Sie haben ihr Leben, ihre Umgangsformen gelernt, und nun spielen sie sie. Für sie gibt es keine Spontanität, keine Überraschung, kein Sichfallenlassen, keine echte Anteilnahme. Sie misstrauen nur. Sind vorsichtig, abwartend, halten sich heraus, und lassen die anderen agieren. Man hat sie kleingemacht. Zum Kuschen erzogen, angehalten, ihre Emotionen anzuhalten.

Und jetzt stehen sie selbst da, mit anderen Augen, die bloß Augen sind. Die wegschauen, hinschauen, hindurchschauen, die sich verstecken, um sich nicht zu verraten. Die normale Augen sind, für die, die sie dazu gemacht haben. Und die daher Sehnsucht haben nach anderen Augen. Deren Lachen, deren Ausdruck suchen. Jenen Ausdruck, den sie im Spiegel ihres Gesichtes nicht sehen.

Die Gegenwart

Die Gegenwart kommt nicht eins zu eins als Folge von Ursache und Wirkung aus der Vergangenheit! Sonst wäre ja die Zeit absolut, also unabhängig von der Welt, innerhalb derer sie gemessen wird. Und Zeitreisen wären theoretisch möglich.

Aber nachdem alles miteinander verbunden ist, also ursächlich zusammenhängt, kann man nicht in ein anderes Zeitalter reisen. Denn wäre dies möglich, würde man schon allein durch seine Abwesenheit die Gegenwart verändern, verändert im anderen

Zeitalter ankommen und dort würde man wieder allein durch seine Anwesenheit die Gegenwart verändern usw.

Weil die Gegenwart aber nicht allein aus der Vergangenheit geformt ist, wird ein Teil von ihr jetzt und hier geformt. Wie groß dieser Teil ist, hängt von jedem Einzelnen ab.

Kommunikation im Internet

Man spricht mit leeren Worthülsen. So sind die Worte, mit denen sich Benutzer im Netz unterhalten. Das Gesicht beim Sprechen dieser Worte, ihre Klangfarbe, ihre Betonung, die Gestik, die Mimik dabei, das alles bleibt verborgen. Deshalb versteht man diese Worte nicht so, wie sie gemeint sind. Es sind leere Worthülsen, in die der Empfänger seinen eigenen Inhalt gibt.

Internetkommunikation ist gleichbedeutend mit dem Versand eines leeren Briefkuverts. Nur der Absender ist bekannt – und das oft nur als Synonym –. Als Empfänger sieht man nur das Äußere, Verzierungen, Verschnörkelungen, Stempel, eine wie auch immer geartete Identität. Und diese Äußerlichkeit spricht dann im Empfänger eine dazu passende Emotion an, die er ins leere Kuvert gibt.

Absender und Empfänger geben damit den gleichen Worten verschiedene Inhalte. Sie meinen etwas anderes. Sie verstehen einander nicht. Sie reden aneinander vorbei. Es ist nicht Kommunikation im herkömmlichen Sinne, sondern Kommunikation im Internet.

Zahlensysteme

Unser Zahlensystem kennen wir alle. Einfach ist es zu handhaben. Einfach mit seinen Kommaverschiebungen und einfach in der Darstellung seiner Größenordnung. Natürlich gibt es da noch das Hexadezimal-, das Binärsystem usw.

Aber das meine ich jetzt nicht. Ich spreche von dem halbzahligen Spin der Nicht-Masse-Teilchen. Jener Teilchen, die die Energie der Masse mitgestalten. Ein solches Teilchen liefert nach einer halben Umdrehung das gleiche Bild und nach einer vollständigen ein anderes.

Würden wir eine solche Bewegung in unsere bekannten Zahlensysteme einordnen, hätte dies im Zehnersystem die Folge, dass nach der 9 keine neue 0 aufsteigend oder absteigend nach einer 0 nicht die davorliegende 9 käme, sondern aufsteigend würde die 0 schon nach der 4 kommen. Wir könnten es dann auch nicht Fünfersystem nennen, denn dort passiert ab der zweiten 5 etwas anderes.

Kurz gesagt, lässt sich dieses Verhalten nicht in unser Zahlensystem einordnen. Es handelt sich um eine kleinere, detailliertere Welt als die uns bekannte. Diese winzigen Energiebündel haben eben ihren eigenen Rhythmus, genauer gesagt ihren eigenen Rhythmuswechsel.

„Ist unsere Welt digital oder analog?", hat einmal jemand gefragt. Wahrscheinlich ist sie analog, sogar in einem ungeheuer winzigen und feinen Ausmaß. Ihre Wirkungen aber vermögen wir nur digital zu messen, und leiten daraus Gesetze ab, die uns Prognosen ermöglichen. Aber immer fassen wir dadurch ein Stück Welt zusammen, zu einer uns erklärbaren Form. Und mit diesen Formen erklären wir dann die Welt.

Das Leben

Das „Alternativlos" hat er gezogen im Lotto. „Niete", „leider Nein", oder gar „Gratulation zum Gewinn von ..." und dann steht da ein Betrag. Aber auf seinem Los steht: „Alternativlos".

Das bedeutet, er muss, er hat keine Möglichkeit, anders zu sein, als er ist. Das Los, das er gezogen hat, ist für ihn bedeutungslos. Es ist egal, ob er es hat oder nicht.

So ist das Leben, und es ist immer so. Alle meinen, es gäbe Alternativen, man könne aus verschiedenen Möglichkeiten wählen, man könne zögern und sich erst später entscheiden. Aber es schreitet voran, das Leben. Und das ist alternativlos. Es gibt nur dieses Leben und nur diese Gegenwart. Da kann uns das Los vorgaukeln, was es will. In ein anderes können wir nicht wechseln.

Drum: Egal, was draufsteht, was zählt ist nur das, was drinnen ist im Leben.

Gesprächsanfang

Schwierig mit Menschen ins Gespräch zu kommen, die keinen Hund haben, oder keine Kinder auf dem Spielplatz, kein äußeres Erscheinungsbild, das sie als Angehöriger irgendeiner Gruppierung ausweist. Nichts, das sich als Gesprächseinstieg anböte.

Da muss man schon selber kreativ werden. Und nicht nur das. Gibt sich der andere nicht durch Äußerlichkeiten zu erkennen, weiß man nicht, wie er denkt und fühlt. Ob die Worte, die man sagt, auch ankommen. Man kann nicht für oder gegen etwas schimpfen oder über ähnliche Probleme jammern. Kurzum: Eine gemeinsame Gesprächsbasis fehlt.

Trotzdem aber ein Gespräch beginnen, ist Kunst. Und eine noch größere ist es, es in Gang zu halten.

Jeder Mensch ist eine Nummer

Was im modernen Business längst gang und gäbe ist, hält nun auch, so nach und nach, Einzug in unser Privatleben. Hat man bereits akzeptiert nicht sofort zur Kenntnis genommen zu werden, erst einmal nach der Mitglieds-, Ausweis-, Konto-, Kredit- Scheck- Police- oder sonst einer Nummer gefragt zu werden, so dünkt es einem doch sonderbar, ebenso bei geplanten Ausflügen, Kino-, Theaterbesuchen, kurzen „Hallo-Anrufen" oder sonstigen Freundschaftsbekundungen eine derartige Reaktion auszulösen.

„Du musst noch warten, denn …", „ in der nächsten Zeit geht es beim besten Willen nicht", bekommt man auf seine schüchternen Annäherungsversuche zu hören, und zählt im Geiste schon eine Nummer zu jener hinzu, in deren Reihenfolge der Gunst des Angesprochenen man zu stehen glaubte. Und diese Nummern werden immer höher. Das ist ein Charakteristikum unserer Zeit.

Nun stelle ich die Frage: Wenn immer mehr Menschen immer weniger Zeit für einander haben, weil sie eben mehr Zeit für andere haben (müssen), wo sind sie denn nun, diese wenigen, diese Auserwählten, diese Nummer eins unserer Gesellschaft? Ich habe noch keinen getroffen. Ich habe den Verdacht: Die gibt es gar nicht!

Immer mehr Kunden für ein und dasselbe Bedienungspersonal. Wie effizient muss dann ein derartig organisiertes Privatleben sein! Aha! Gestern noch die Nummer neun, heute schon die siebzehn. Oder: „Melde dich in einer Woche." (Dann bist du mindestens zehn Plätze weiter hinten.)

Und so mancher mag sich denken: „Ich hätte mich doch weiter hinten einreihen sollen." Willkür ist es, von einer momentanen Laune und Stimmung abhängig, wie die zufällige Reihung der Anrufenden bei einem Telefonquiz.

Nur manchmal ist man überrascht, dass man plötzlich ganz vorne ist, und bringt aus lauter Erstaunen darüber kein vernünftiges Wort zustande, was wieder die Einreihung weiter nach hinten zur Folge hat.

Dieses Spiel wird gerne und oft gespielt. Lethargisch und faul von denen, die sich schon an die hinteren Plätze gewöhnt haben, und frech und provozierend von Neulingen auf diesem Gebiet. „Die Würfel sind gefallen", sagt man, und hat sie doch selber geworfen.

In der U-Bahn

Ganz oben, auf der obersten Stufe der Rolltreppe, befindet sich ein Mechanismus, der folgenden Ablauf auslöst: Zunächst ertönt ein schriller Pfeifton, dann die lapidare Durchsage „Zug fährt ab", so dass selbst der durchtrainierteste Sportler und kühnste Optimist diesen Zug nicht erreichen kann.

Unten, auf dem Bahnsteig, ist ein weiterer Auslöser versteckt. Er verursacht die Durchsage über Lautsprecher: „Wegen eines … (dann folgt eine, durch Zufallsgenerator eingesteuerte Störmeldung) … kommt es auf der Linie (Name der Linie, die man gerade benutzt) … in Richtung … (in die man gerade unterwegs ist) … zu einer kurzen Unterbrechung." „Wir sind bemüht die planmäßigen Intervalle wieder herzustellen und bitten um Ihr Verständnis."

Dabei ist dieses Bitten um Verständnis schon ein Fortschritt. Lange Zeit nämlich benutzte man die Worte: „Wir danken für Ihr

Verständnis." Wohl wissend, dass dem armen Fahrgast ohnehin nichts anderes übrig blieb, als die Störung zur Kenntnis zu nehmen. Also solle er dies gefälligst mit entsprechendem Wohlwollen tun. Heute hat er schon die Wahl. Heute darf er sich auch ärgern.

Ich habe schon versucht meine Schuhe zu wechseln oder überhaupt vorsichtiger aufzutreten. Aber es hilft nichts, ich löse immer wieder solche Durchsagen aus. Offenbar ist die moderne Technik so ausgereift, dass sie sich in ihrer Arbeitsweise durch meine Tricks nicht stören lässt.

Paradoxe Jahreszeiten

Die Frühjahrsmüdigkeit,
die Sommerflaute,
die Herbstrezession,
der Winterschlaf.

Im Sommer kam er hereingeschneit,
im Herbst blühte er auf,
im Winter ging's heiß her,
im Frühling starb er.

Sein eigener Werbemanager

Der Mensch von heute verhält sich wie sein eigener Werbemanager,
präsentiert sich und seine Welt als Ware,
um im anderen Bedürfnis danach zu wecken.
Und fühlt sich doch wie ein Ladenhüter dabei.

Wetterbericht

Vielleicht wird der Wetterbericht neuerdings deshalb von jungen, hübschen Damen präsentiert, weil man es bei ihnen eher gewohnt ist, dass das, was sie versprechen, nicht eintrifft.

Natürliche Zahlen

Das sind die Zahlen, die die Kassiererin im Supermarkt nach mehreren vergeblichen Scann-Versuchen eintippt.

Rekursiv

Die Aussage: „Das passiert mir nie!"
Und die Tatsache, dass es dann doch, irgendwann einmal, passiert.
Und das Weitererzählen dieser Erfahrung an Menschen,
die darauf wiederum nur antworten:
„Das hätte dir nicht passieren dürfen!"

Modernes Management

Ein Manager alten Formates verteilt Aufgaben und Kompetenzen so, dass sie innerhalb eines geordneten Rahmens zeitgerecht und zufriedenstellend erledigt werden können.

Der moderne Manager verteilt so viele Aufgaben und Kompetenzen, dass sie unmöglich zeitgerecht und zufriedenstellend erledigt werden können, und sieht seine Hauptaufgabe darin, ständig auf diesen Missstand hinzuweisen.

Der Stoffwechsel

Das ist das, was die Models, bei der Modeschau, hinter dem Vorhang tun.

Partnersuche

Das Paradoxe an der Partnersuche ist, dass man jemanden sucht zur Stärkung seines Selbstbewusstseins, aber nur jemanden findet, wenn man schon ein starkes Selbstbewusstsein hat.

Griechischer Wein

Bei meinem ersten Besuch in meinem Stammlokal in Limassol, stellte der Wirt, nach meinem Wunsch nach einer kleinen Flasche Wein, eine große Flasche wohlschmeckenden Rotwein mit den Worten „Drink it half and pay it half" auf meinen Einzeltisch.

– Nie hab ich mich so unverstanden gefühlt. –

Sich dumm anstellen

Du kannst dich nie so dumm anstellen, wie die Leute annehmen, dass du bist.

Ich habe es probiert, aber nicht geschafft. Sie waren mit ihren Vorurteilen immer schneller.

Erfahrung

Verweigerte man früher aus Höflichkeit gewissen Menschen das Götz-Zitat, so sagt man es ihnen heute nicht, weil man ihre Unwürdigkeit erkannte.

Skrupel

Das ist das, was gute Menschen zu oft und schlechte zu selten haben.

Das liebe Vieh

Eines sollte der liebe Mensch bei all seiner Arroganz bedenken: Nirgends ist das natürliche Verhalten der Tiere so degeneriert, wie in seiner Gegenwart.

Unfähigkeit

Manche Leute kaschieren ihre Unfähigkeit, etwas zu verstehen, damit, dass sie es nicht akzeptieren.

Unsere Zeit

Unser Leben ist von Versprechungen geprägt, aber nicht von dem, was versprochen wird.

Liebe

Liebe missbraucht nicht die Schwachstellen, die sie im anderen entdeckt, sondern hütet sie wie einen Schatz, der nur ihr gehört.

Selbstzensur

Früher warf ein Autor Unbrauchbares in den Papierkorb. Heute gibt er es ins Internet.

Geburtstag

Zum Geburtstag bekommst du das Leben geschenkt. Das ist dein einziger Geburtstag. Alle weiteren sind nur Inszenierungen.

Gefühle

Hässliche Menschen müssen sich für ihre Gefühle schämen, schöne können sie ausspielen wie Trumpfkarten.

Schnellfahren

Auf der Rolltreppe wurde ich geknipst. Bin ich zu schnell gefahren?

Der Boden der Realität

Das ist jener Boden, den man dem einen wie selbstverständlich unterschiebt, und dem anderen ständig entzieht.

Ich kam, sah und aß. **Das kalte Büfett.**

Zum Beruf-rufen berufen. **Der Muezzin.**

Der Gipfelsieg

Endlich! Nach Stunden der Qual stehst du am Gipfel. Und einen Augenblick lang liegt dir die ganze Welt zu Füßen.

Und du sprichst zu den Menschen, die anerkennend vor dir niederknien möchten, um dir die Füße zu küssen: „Leute, steht doch auf, ihr seid nicht würdig dazu!"

Jung und alt

Man sagt, dass es einen Unterschied gibt, zwischen Jung und Alt. Und in der Tat habe ich einen gefunden. Hört man Jugendliche, wenn sie über Gemeinschaft, über Beziehungen, über Partnerschaft reden, so sagen sie immer: „Schau nur, wie gut ich zu ihm bzw. wie gut ich zu ihr passe!" Dann halten sie sich nie raus. Sie erleben sich als einen Teil einer Gemeinschaft.

Erwachsene aber sehen sich da anders. Sie stellen sich außerhalb und sagen: „Schau, wie die beiden dort zueinander passen!" Mit dem Unterton: „Ich selbst aber bin dazu unfähig!" Diese Art der Selbsterkenntnis ist wohl typisch für das Erwachsenwerden. Man erkennt seine Schwächen und Fehler, redet über sie, und auch über seine Unfähigkeit zur Gemeinschaft, traut diese aber allen anderen zu, die man für stärker und weniger fehlerhaft hält.

Aber vielleicht ist man noch nicht erwachsen genug, und bedeutet die Einsicht, dass alle fehlerhaft sind, einen Schritt mehr Erwachsenwerden. Vielleicht werden wir uns einmal als Erwachsene lieben, mit unseren Fehlern und Schwächen, und nicht von makellosen Übermenschen träumen.

Der Amtsweg

Das Kennzeichen eines Amtsweges ist, dass es keine Abkürzung gibt.

Dieselben Menschen

Dieselben Menschen, die mir vorwerfen mein Verhalten entspreche nicht ihrer Vorstellung, würden es mir übel nehmen, wenn ich mich ihren Vorstellungen gemäß verhielte.

Das Leben

Erst wenn du merkst, dass das Leben ein Spiel ist, brauchst du nicht mehr zu spielen, dann kannst du leben.

Unsere Gedanken

Wir denken, unsere Gedanken besäßen keine Realität. Wir könnten sie denken und wieder verwerfen. Aber sie formen uns.

Anerkennung

Dass das In-Ruhe-gelassen-werden auch eine Form der Anerkennung ist, kapiert die Werbebranche offenbar nicht.

Die Zukunft

Nicht die Zukunft macht mir Angst. Mich ängstigen die Menschen, die sie gestalten.

Erwachsene

Das sind Kinder mit mehr Lebenserfahrung.

Dummheit

Dummheit behauptet immer, anderen überlegen zu sein, und stellt sich selbst nie in Frage.

Gemeinschaft

Dumme suchen jemanden, der über sie herrscht, oder noch Dümmere, über die sie herrschen können. Kluge suchen Gemeinschaft mit Andersdenkenden.

Umverteilung

Bedeutet nicht, dass man den Reichen nimmt und den Armen gibt. Umverteilung bedeutet, den Reichen nichts mehr zu geben und den Armen die Möglichkeit, sich etwas aufzubauen.

Helden und Verlierer

Es sind dieselben Fehler und Missgeschicke, die einem Helden nachgesehen und einem Verlierer nicht verziehen werden.

Das Viele, das Wenige

Das Viele, das sie getan und noch zu tun gedenken, lässt das, was sie gerade tun, wenig erscheinen.

Kapitalismus

Das Paradoxe am Kapitalismus ist, dass jene, die Lebensmittel wegwerfen, mehr dafür zahlen können, als jene, die ohne sie verhungern.

Die Faulheit des Kapitals

Was passiert, wenn man den Kapitalisten alle Hindernisse zur Seite räumt? Werden sie dann mit ihrem Kapital etwas bewegen?

Ist es nicht eher so, dass sie ständig klagen, zur freien Entfaltung stünde ihm, dem Kapital, etwas im Wege. Und möchten sie mit ihren Klagen nicht bloß, dass das, was sie stört, beiseitegeräumt wird?

Ihr Kapital liegt nichtstuend herum und gibt ständig der Umgebung die Schuld an dieser Faulheit.

Kleine Freuden

Wer die kleinen Freuden ablehnt, wartet vergeblich auf die großen.

Die Weisheit mit Löffeln essen

Die Weisheit, die man mit Löffeln essen kann, ist nur der chemische Nachbau einer sonst langsam gereiften Nahrung.

Unser Universum

Alles, was existiert, ist das Ergebnis aus Wechselwirkungen zwischen allem, was existiert.

Moderne Physik

Jedes Mal, wenn man eine neue Erkenntnis macht, braucht es eine neue Unbekannte, um das Neuerkannte erklären zu können.

Wirklichkeit versus Realität

Die Wirklichkeit ist das, was du machen kannst, die Realität das, was du machst.

Schrödingers Katze

Mein Leben würde ich beschreiben wie Schrödingers Katze innerhalb der geschlossenen Schachtel, während ich ständig mit Begriffen konfrontiert werde, die gebildet werden, nachdem man die Schachtel geöffnet und hineingesehen hat. Solche Begriffe erklären mir nur einen der Zustände am jeweiligen Ende der Skala, nicht aber deren Gesamtheit innerhalb der Mitte. Sie beschreiben die Ränder meines Lebens. Das Wesentliche fehlt.

Es kommt mir vor, als ob man eine höhere Welt zur erklären versucht und dabei Begriffe aus einer niedrigen verwendet. Weder die Vielfalt der Begriffe noch immer neue Begriffe nützen da zum Verständnis.

Bevor wir uns auf eine Begriffswelt einlassen, die die geschlossene Schrödinger-Schachtel uns zeigt, sollten wir deren Existenz erst einmal anerkennen und auch die Tatsache, dass es dafür in unserer Vorstellungswelt keine Begriffe gibt.

Und dann … ja, dann, könnten wir beginnen, die Mitte, das Wesentliche in der Welt, mit unserem Wesen zu füllen. Dafür ist diese geschlossene Schachtel gedacht.

Textverkostung

Das Etikett auf der Flasche ansehen,
mit einer Mischung aus Langeweile und Interesse.
Danach zuhören oder selber lesen.
Verständnisvoll dazu nicken,
so tun, als ob man etwas davon versteht,
und dann, nicht als Erster, applaudieren.
Und das war's auch schon.

Ob er geschmeckt hat, der Text?
Ja, schon, ganz gut, nicht schlecht.
Das Übliche halt.
Es war eben eine Kostprobe.
Mehr hätte man ohnehin nicht vertragen.

FÜR AUTOREN A HEART FOR AUTHORS À L'ÉCOUTE DES AUTEURS MIA KAPΔIA ΓIA ΣΥΓΓ
... FÖR FÖRFATTARE UN CORAZÓN POR LOS AUTORES YAZARLARIMIZA GÖNÜL VERELIM S
... PER AUTORI ET HJERTE FOR FORFATTERE EEN HART VOOR SCHRIJVERS TEMOS OS AUT
...ZÖINKERT SERCE DLA AUTORÓW EIN HERZ FÜR AUTOREN A HEART FOR AUTHORS À L'ÉCO
...AO BCEЙ ДУШOЙ K ABTOPAM ETT HJÁRTA FÖR FÖRFATTARE À LA ESCUCHA DE LOS AUTO
...MIA KAPΔIA ΓIA ΣΥΓΓΡΑΦΕΙΣ UN CUORE PER AUTORI ET HJERTE FOR FORFATTERE EEN
...ERZÖINKÉRT SERCE DLA AUTORÓW EIN HERZ FÜ
...ORACÃO BCEЙ ДУШOЙ K ABTOPAM ETT HJÁRTA FO

Der Autor

1955 im mittelburgenländischen Rattersdorf geboren hat sich Stefan Pinter nach seiner Pensionierung dorthin zurückgezogen. Nach seiner schulischen Ausbildung absolvierte er ein Diplomstudium als Versicherungsmathematiker an der TU Wien. Anschließend begann eine bewegte Berufslaufbahn für ihn, die unter anderem von mehreren Firmenfusionen geprägt war.
In seiner Freizeit legt Stefan Pinter Wert auf eine gesunde Lebensführung und ist demzufolge sportlich aktiv, nimmt z. B. an Marathons teil oder wandert in den Bergen. Darüber hinaus hört er gerne Musik verschiedener Ausrichtungen und spielt selbst Gitarre. Neben dem Lesen von Büchern besuchte er ebenso die Schreibwerkstatt der Volkshochschule für mehrere Semester, 2022 veröffentlichte er sein erstes Buch: „Melodien des Lebens".

Der Verlag

*Wer aufhört
besser zu werden,
hat aufgehört
gut zu sein!*

Basierend auf diesem Motto ist es dem novum Verlag
ein Anliegen, neue Manuskripte aufzuspüren, zu ver-
öffentlichen und deren Autoren langfristig zu fördern.
Mittlerweile gilt der 1997 gegründete und mehrfach
prämierte Verlag als Spezialist für Neuautoren in
Deutschland, Österreich und der Schweiz.

**Für jedes neue Manuskript wird innerhalb
weniger Wochen eine kostenfreie, unverbind-
liche Lektorats-Prüfung erstellt.**

Weitere Informationen zum Verlag und
seinen Büchern finden Sie im Internet unter:

www.novumverlag.com